プロ野球、あの名選手の「最後の１年」がすごい！

圧倒的実力を維持していた最強引退選手14人

飯尾哲司

詩想社
— 新書 —

まえがき◎引退前の「最後の1年」に真価が現れる

時代を代表するプロ野球のスター選手の引退には、ふたつのパターンがある。

ひとつは、自身の衰えに直面しながらも、それでもなお、新たな可能性を求めて限界まで現役を続行し、最終的に身も心もボロボロになって引退を決断するというパターン。必然的に成績も下降の一途をたどり、周囲にも「そろそろ引退か……」と見られているなかで、引退していくケースだ。

一方、ファンはもちろん、チーム周辺も「来年もプレーするだろう」と現役続行を疑う者がいないなか、突然、引退を宣言し、すっぱりと現役を退いてしまうというケースもある。

このような場合、全盛期に比べ衰えたとはいえ、依然として立派な成績を残しているため、「まだできるのに……」、「あと1年やってほしかった……」などと、ファンや野球関係者の多くから惜しまれることとなる。

本書は、後者の「まだできるのに……」と惜しみたくなるような選手たち14人の、現役最終年のすばらしい記録を掘り起こし、そこからプロ野球の奥深さや魅力に迫るものだ。

現役最終年の成績の秀逸さは、すなわち、その選手の偉大さを表しているとも言える。「これほどの成績なのに辞めている」という現実が、その選手のレベルの高さ、野球に対する理想の高さを示している。

現役最終年、王貞治は30本塁打を放ち、江川卓は13勝5敗、山本浩二は27本塁打、2割7分の成績を残したが、それでも引退した……。

このような各選手の現役最終年の成績を、本書では次々に取り上げていく。これらの記録を目の当たりにすると、その選手たちのずば抜けた能力をあらためて実感するはずだ。

また、当時の彼らの成績が、現代のプロ野球界にあてはめると、どれほどのものになるのか、新旧の記録を比較しながら考察を試みた。

もちろん、新旧の成績を単純に比較することはできない。ボールやバットといった用具から、球場施設、戦術・技術など、野球という競技のあらゆる環境は時代によって変化してきているからだ。

しかし、それでもそうすることで、その選手の引退が、当時、球界においてどれほどのインパクトをもったものだったのかが、現代の私たちにも多少なりとも実感できるはずだ。そして、その潔い引退がどれほど「もったいない」ものだったのかも浮かび上がってくるに違いない。

野球ファンの方のなかには、自分の好きだった選手の引退を惜しむあまり、「もし引退せずに、もう1年プレーしたらどうだったろう……」と、夢想したことのある人もいるのではないか。

本書でも、ここで取り上げた引退選手たちが、もしその後も現役を続けていたらどうだったのか、筆者の私見を述べさせていただいた。読者のみなさんそれぞれが、名選手たちの「別の引退ストーリー」に思いをはせていただけたら幸いだ。

本文では随所に、その選手たちが活躍した当時の打撃十傑や本塁打ランキング、投手十傑なども掲載した。ランキングに並ぶ懐かしい選手たちの名前から、当時のプロ野球シーンを思い出すことができるだろう。

この本をきっかけに、1960年代から2000年代にかけてのプロ野球の面白さを再認識していただき、当時のご自身の人生と重ね合わせて懐かしんでいただけたら、筆者としてこれほどうれしいことはない。

（参考）本書における各球団名の表記は、記述内容当時の表記としております。現在の球団とは以下のように対応しています。松竹、大洋、横浜→現・ＤｅＮＡ。東映→現・日本ハム。西鉄、太平洋、クラウン→現・西武。南海、ダイエー→現・ソフトバンク。大毎、東京→現・ロッテ。阪急→現・オリックス。

プロ野球、あの名選手の「最後の1年」がすごい！◎目次

第1章 あの名選手の「最後の1年」がすごい！

目　次

第2章

「いまでも通用する…」、そう言わしめた最強引退選手

第3章 あのレジェンドが、もう1年プレーしていたら…

第1章

あの名選手の「最後の1年」がすごい！

現役最終年でも30本塁打、「まだ1、2年はできる」と惜しまれた引退

……王貞治

◎現役最終年でも、本塁打、打点ともにチームトップ

現役最終年においても、驚くほどすばらしい成績を収めている選手といえば、まず、王貞治について触れなければならないだろう。引退を決断した現役最後の年に、なんと30本の本塁打を放っている。

いくら「世界のホームラン王」といわれるほどの選手だったとしても、シーズン30本塁打という数字は、これから引退していく選手の残す成績とは到底思えない。そこには、傑出した王の能力が見え隠れする。

はたして、引退時の王の実力とはどれほどのものであったのか。また、その引退

王の現役最終年、1980年のセ・リーグ本塁打、打点上位十傑

本塁打		
1	山本浩二(広島)	44本
2	田代富雄(大洋)	36本
3	衣笠祥雄(広島)	31本
4	王貞治(巨人)	30本
5	R・ホワイト(巨人)	29本
5	真弓明信(阪神)	29本
7	谷沢健一(中日)	27本
8	J・ライトル(広島)	23本
9	水谷実雄(広島)	22本
9	中畑清(巨人)	22本

打点		
1	山本浩二(広島)	112打点
2	田代富雄(大洋)	94打点
3	衣笠祥雄(広島)	85打点
4	王貞治(巨人)	84打点
5	大杉勝男(ヤクルト)	82打点
5	J・ライトル(広島)	82打点
7	谷沢健一(中日)	80打点
8	R・ホワイト(巨人)	75打点
9	真弓明信(阪神)	74打点
10	基満男(大洋)	70打点

がいかに「もったいない」ものであったのかを探ってみよう。

王が現役引退を発表したのは、1980年11月4日だ。夕刻に引退会見がテレビで流され、それを呆然と見守った記憶のある野球ファンも多いのではないだろうか。

現役最終年となった80年の成績は、129試合出場、105安打、打率・236、30本塁打、84打点だった。本塁打、打点ともに、リーグ4位の活躍で、19年連続となる30本塁打以上をマークした。本塁打、打点は、ともにチームトップ。依然として巨人の4番打者として君臨し

引退の記者会見をする王。右は藤田元司次期巨人軍監督

ていた。

打率こそ、・236の低打率（リーグ30位＝規定打席到達者中最下位）と衰えが見えたが、この時点でリーグ屈指の選手であることには変わりなく、そのため、突然の引退発表に、球界関係者は一様に驚くこととなった。

長嶋茂雄は王の引退について、自らの決断だから仕方ないとしながらも、「あと1、2年は現役でやれると思っていた」とコメントしている。

王の14年連続本塁打王を阻止したライバル・田淵幸一も、惜しまれながらも潔く辞めていく王の「引き際」を称賛しながら、もう2、3年やってもらいたかったと率直に語っている。

同い年でプロ同期の張本勲は、「現在の勇姿がファンの脳裏に焼きついて、それが末代まで語り継がれることを選んだのでしょう」と、ボロボロになっていく姿を見せる前に引退していく姿勢に理解を示した。

このように、球界関係者の反応で共通していたのは、「まだ、引退には早い」、「1、2年はできるんじゃないか」というものだった。多くの野球ファンも同様に考え、王の突然の引退を惜しんだ。

衰えたとはいえども、人々にそう思わせるだけの成績を王はこの年も収めていたのだった。

◎こうして「一本足打法」は生まれた

そもそも王は、その22年間のプロ野球選手としての人生をどう歩んできたのか、あらためて整理してみよう。

王は1940年、墨田区に生まれ、小学生のころより野球を始める。早稲田実業高校に進学し、高校2年時には、春のセンバツ甲子園でエースとして活躍、紫紺の優勝旗を手中に収めた。

59年に巨人に入団し、当初は投手としての才能も期待されていたが、入団すぐのキャンプで、打者へ転向することが首脳陣によって決められた。

打撃センスについては入団間もないころから評価が高く、高卒ルーキーながら1軍の試合に出場。しかし、さほど目立った活躍もできず、1年目は94試合出場、打率・161、本塁打7本の成績に終わる。

その後、2年目、3年目も、中心打者として活躍することを期待されレギュラーとして使われ続けるが、打率2割6分、本塁打15本前後の「普通の打者」の域を脱しきれないままだった。

そこで、なんとか王を大成させたいと考えた川上哲治監督は、荒川博打撃コーチに王の指導を任せることに決める。この荒川コーチとのマンツーマン指導のなかで生まれたのがフラミンゴ打法、いわゆる「一本足打法」だ。

一本足打法で打ちはじめた記念すべき最初の試合は、王のプロ4年目、62年の7

1965年、宮崎キャンプ宿舎で荒川コーチ（右）の指導を受ける王

月1日、大洋戦である。

その年の開幕から6月30日までの成績は、打率・259、本塁打9本にすぎず、長嶋とともに中軸を任せるには、あまりにもの足りないものだった。6月30日の大洋戦では、2打数2三振1四球で、途中交代させられている。

その晩、荒川コーチの自宅で行われた特訓で王は、翌日の試合では、投手のボールに差し込まれることを避けるため、投手が足を上げたら、こちらも足を上げて早く始動するように指示される。

翌7月1日、試合前の首脳陣ミーティングでは、「チームが勝てないのは王が打っていないからだ」と批判する別所毅彦投手コーチに対し、荒川打撃コーチは、「ホームランだけならいつでも打てる。三冠王を獲らせようとして指導しているんだ」と応酬し、激しく対立する。

このミーティング後、荒川は王に、「三振を怖がるな。今日から一本足で打て!」と厳命した。

そしてその日の試合、一本足打法による記念すべき第1号が生まれる。稲川誠から打順１番の第２打席で打ったものだった。新人・稲川は大小２つのカーブを武器にこの62年12勝、63年と64年は連続20勝以上を挙げている。

一本足打法に開眼した王は、ここからそれまで持っていた素質をいかんなく発揮していく。

その年の４月から６月までの成績とは打って変わって、７月からシーズン終了までの成績は打率・２８２、本塁打29本。最終的にこの年の成績は、打率・２７２、本塁打38本、打点85となり、本塁打王、打点王のタイトルを初めて獲得する。

プロ入り４年目のこのシーズンから、スター選手としての王の活躍が始まる。ここから13年連続、本塁打王に輝き、長嶋とともにＯＮ砲として日本を代表するスラッガーに上り詰めていく。

しかし、その過程でスランプの時期もあった。71年シーズン後半には、打席に立つのが怖くなるほどの不振に陥り、首位打者がこの年に３年連続で途切れ、打率・２７６に終わっている。

このスランプは翌72年のシーズン前半まで続き、川上監督が打撃フォームを二本足に戻すことを提案したほどだった。しかし王は、一本足打法を貫き、シーズン後半から復調。最終的にこの年、本塁打48本、打点は当時の自己最高となる120を記録し、ようやく長いスランプを抜ける。

そして心技体の円熟を迎えた73年と74年には、ついに確実性（首位打者）、長打力（本塁打王）、勝負強さ（打点王）の3つを兼備する「三冠王」を2年連続で獲得したのだった。

その後も本塁打を量産し続ける王は、76年、ベーブ・ルースの本塁打数714本を抜き去る。そしてこれ以降、王に残された目標は、メジャーリーグの本塁打記録であるハンク・アーロンの755本となった。

◎私たちは3日に1本、王の本塁打を見てきた

77年のシーズンは、いつ王がアーロンの記録を抜いて通算本塁打数の新記録を樹立するかに注目が集まった。4月、5月は極度の不振にあえぐが、その後、徐々に調子を上げ、例年、好調な8月に本塁打を量産。16年連続となる30号を打ち、本塁

王貞治 年度別打撃成績

年度	球団	試合	打席	安打	本塁打	打点	打率
1959	巨人	94	222	31	7	25	.161
1960		＊130	502	115	17	71	.270
1961		127	471	100	13	53	.253
1962		＊134	＊586	135	＊38	＊85	.272
1963		＊140	＊609	146	＊40	106	.305
1964		＊140	＊599	151	＊55	＊119	.320
1965		135	＊575	138	＊42	＊104	.322
1966		129	549	123	＊48	＊116	.311
1967		133	＊566	139	＊47	＊108	.326
1968		131	＊580	144	＊49	119	＊.326
1969		＊130	＊576	＊156	＊44	103	＊.345
1970		129	553	＊138	＊47	93	＊.325
1971		＊130	＊565	120	＊39	＊101	.276
1972		＊130	572	135	＊48	＊120	.296
1973		＊130	560	＊152	＊51	＊114	＊.355
1974		＊130	＊553	128	＊49	＊107	＊.332
1975		128	523	112	33	＊96	.285
1976		122	536	130	＊49	＊123	.325
1977		＊130	570	140	＊50	＊124	.324
1978		＊130	566	132	39	＊118	.300
1979		120	506	116	33	81	.285
1980		129	527	105	30	84	.236
通算：22年		2831	11866	2786	＊868	＊2170	.301

＊はリーグ最高

打王争いで先行されていた山本浩二についに追いつく。

そして、待ちに待ったメジャーリーグ記録を抜く756号本塁打は、9月3日、ヤクルト戦で生まれる。3回裏一死無走者の第二打席、投手・鈴木康二朗のシンカーをライトスタンドに運んだ。

その後もこのシーズンは本塁打を10本上積みし、自身3度目のシーズン50本塁打の大台にのせ、打点は自己最多の124打点を記録、本塁打王、打点王の二冠に輝いた。

その後王は、引退するまでに本塁打数を通算868本まで伸ばした。現在でもメジャーの通算最多本塁打はバリー・ボンズの762本塁打であり、王の記録には及ばない。まさに「世界の王」である。

王はほかにも、「7試合連続本塁打」、「1試合4本塁打」などの記録を打ち立てた。

64年の「シーズン55本塁打」は長らく破られず、2013年、ヤクルトのウラディミール・バレンティンの60本塁打、22年、同じくヤクルトの村上宗隆の56本塁打

1977年９月３日、756号を放ち両手を挙げて一塁に向かう王

の2人しかいまだに超えることができていない。

日本のホームラン打者が「背番号55」をつけるのは、この王の記録からきている。

昭和40年代後半から50年代前半は、1週間に4~5日はテレビ地上波で巨人戦の野球中継があった。王は通算9250打数で868本塁打。つまり「本塁打率」は、10・66打数に1本塁打という割合だ。

1試合4打席としても、単純計算で「3日に1本」は本塁打を見せてもらえた。当時、「王さんのホームランを見てから宿題をやろう」という野球少年は多かった。それだけ多くの人たちが、王の本塁打を日常的に見ていたと言える。

誰もがみな、ライトスタンドまでアーチを描く王の本塁打に胸を躍らせた。現在で言うなら、さしずめ大谷翔平のような存在だろう。王や長嶋の、いわゆるONの勇姿に憧れて野球を始めた少年は数知れず、日本プロ野球界の隆盛を築き上げた大功労者と言えるだろう。

◎世界記録達成がなければ、1000本塁打も狙えた

さて、そんなスーパースターであった王にも、そのパフォーマンスにかげりが見えはじめてくる。

アーロンの記録を抜いた77年は、全130試合出場で140安打を放ち打率・324、50本塁打、124打点。本塁打王と打点王の二冠を獲得した。

しかし、翌シーズンから徐々に成績は下降していく。78年は打率・300、39本塁打、118打点で、かろうじて打点王は維持。79年は打率・285、33本塁打、81打点でとうとう打撃三部門で無冠に終わる。そして、80年が現役最終年となり、打率・236、30本塁打、84打点だった。

この成績の下降には、もちろん身体的な衰えも影響しているかもしれないが、もっとも大きな要因は「気持ち」の部分だった。

王自身ものちに、アーロンの記録を破った756号以降のことをこう述懐している。それまではアーロンの「世界記録」を目指してがんばってきたが、世界記録を達成してしまったことで、目標がなくなり、少しずつ集中力や執着心が薄れてきて

しまったというのだ。

また、これまで以上に取材や、さまざまなつき合いも増えてきた。以前なら、それらを受けつけず、野球一筋で過ごすことができたが、アーロンの記録を抜いてからは、それら野球以外の事柄にも神経を使うようになってしまったという。いままでのように、世界記録を目標にチャレンジしているときと同じ心理ではいられなくなってしまったのだ。

そして、戻れるものなら756号を打った直後に戻って、それまで通りの選手生活を送ってみたかった、と悔やんでいる。それができれば、あと2年、3年、もっと本塁打を打てたかもしれないと語っている。

王の「意欲」の低下は、周囲の人たちにも目撃されている。スポーツライターの近藤唯之氏は、試合中に当時流行《はや》っていたルービックキューブを回す王を目撃し、その燃え尽きてしまったかのような姿に驚愕している。

もちろん身体能力の衰え、それも動体視力の衰えについては、王も自覚していたようだ。守備の際、牽制球を後ろにそらす危険性を感じたり、いつもと同じ投手なのに、やけに球が速く感じたりするようなことがときどき起こるようになったという。

しかし王の言う通り、もし、７５６号達成後も、それまで通りの心持ちで選手生活を送っていたら、80年で引退ということはなかったのではないか。そもそも王は「43歳までは現役をやるつもりでいた」と24年の巨人軍創設90周年に際したスポーツ報知のインタビューで語っている。もし意欲の低下を招いていなければ、あと３年、83年までは現役でいたはずだ。

だとすれば、成績の降下も、数年遅らせることができ、通算本塁打１０００本も視野に入っていたかもしれない。

◎現役最終年の成績ですら、現在のトップ選手レベル

現実に話を戻そう。王の最終年、80年の成績は先述の通り、すばらしいものだった。これら80年当時の成績には、どれほどの重みがあるのか、参考までに現代のプロ野球と比較して考えてみよう。

当時と現代ではバット素材の変化、広くなった球場、投手の球速アップや変化球の多さなど「野球の中身」自体が変革してきているので一概には比較できないことは確かだが、あえて考察してみたい。

王が現役最終年に打った本塁打は30本、打点は84だった。これらはどちらも、当時のセ・リーグ4位だった。一方、現代のプロ野球において、2024年の本塁打セ・リーグ4位は牧秀悟（DeNA）、細川成也（中日）で23本である。打点のリーグ4位は森下翔太（阪神）で73打点だ（次頁表参照）。

新旧の記録を単純に比較するより、リーグ内の順位に置き換えて比較するほうが、その価値がある程度見えてくる。おわかりのように、牧、細川、森下といった選手は、いずれもそれぞれのチームの主軸打者である。まさに現役最終年の王も、このような主軸打者としての活躍を継続していたということだ。

そして、その王の引退とは、このような主力選手が突然いなくなるということを意味する。牧、細川、森下といった選手が突然いなくなった場面を想像していただければ、王の引退当時のインパクトもイメージできるのではないだろうか。

2024年のセ・リーグ本塁打、打点上位十傑

本塁打		
1	村上宗隆（ヤクルト）	33本
2	岡本和真（巨人）	27本
3	オースティン（DeNA）	25本
4	牧秀悟（DeNA）	23本
4	細川成也（中日）	23本
6	サンタナ（ヤクルト）	17本
6	オスナ（ヤクルト）	17本
8	森下翔太（阪神）	16本
8	佐藤輝明（阪神）	16本
10	宮﨑敏郎（DeNA）	14本
10	丸佳浩（巨人）	14本
10	大山悠輔（阪神）	14本
10	山田哲人（ヤクルト）	14本

打点		
1	村上宗隆（ヤクルト）	86打点
2	岡本和真（巨人）	83打点
3	牧秀悟（DeNA）	74打点
4	森下翔太（阪神）	73打点
5	オスナ（ヤクルト）	72打点
6	サンタナ（ヤクルト）	70打点
6	佐藤輝明（阪神）	70打点
8	オースティン（DeNA）	69打点
9	大山悠輔（阪神）	68打点
10	細川成也（中日）	67打点

ただ最終年における、ホームラン打者としての王の「威圧感」の低下はまぎれもない事実だったようだ。

王の通算四球2390個は、2位・落合博満の1475個に、実に約900個もの大差をつけ断トツである。「本塁打を打たれるぐらいなら、四球で一塁に歩かせたほうがいい」というバッテリーの意思の表れだ。

それだけ恐れられていた王だが、18年連続だった「リーグ最多四球」の座を、この年、山本浩二に明け渡している（山本87個、王72個）。

しかも、「敬遠四球」が激減していた。毎年20個前後あった敬遠四球が、わずか8個。相手投手の警戒が緩んだ何よりの証拠である。

ただ、本塁打数は減っているが、実際に王が危惧していたのは打率低下のほうだったようだ。最終年は打率・236で、規定打席到達選手のなかで最下位であった。

かつては2年連続で三冠王を獲った打者が、2割3分台の打率で満足できるはずがない。

仮に翌81年も現役を続行していたとして、80年と同じ444打数105安打だったら、通算9694打数2891安打となり、通算打率が・301から・298に転落してしまうのだ。

王自身も、「通算打率を下げたくない」、「通算で3割を保ちたい」という気持ちが、引退を決意する一因であったと語っている。

現代の野球で言えば、打率2割台前半、30本塁打というような選手が主軸として活躍しているケースも珍しくない。

メジャーリーグでは23年、フィリーズのカイル・シュワーバーが史上初の打率１割台、40本塁打を達成して話題になった。打率・１９７、本塁打47本だった。このように、メジャーリーグでは、打率が２割台前半で、本塁打が30本から40本という選手は意外に多い。

日本のプロ野球においても、24年、セ・リーグ本塁打王の村上宗隆は打率・２４４、本塁打33本である。

だから、王が打率２割台前半、30本塁打で現役を続行していても、現代であれば、なんら不思議ではない。しかし、王はそれを選ばなかった。王が目指しているのは、そのような野球選手ではなかったのだ。

王については、「世界のホームラン王」としての側面ばかりに焦点があてられるので見過ごしがちではあるが、実は球史に残るアベレージヒッターという一面ももっている。

シーズン打率３割以上を13回達成しており、これはプロ野球史上、歴代２位（１位は張本勲）の偉業だ。首位打者５回はセ・リーグ２位（１位は長嶋茂雄）である。

プロ通算打率は・301。8000打数以上、実働20年を超えて3割を記録したのはほかに安打製造機といわれた張本しかいない。

だからこそ、「通算打率3割」は王にとっても特別のものであり、どうしても死守したいものだったのかもしれない。

◎あと1年プレーしていたら、あったかもしれない「幻の900号」

王が引退を決意した事情を知れば、その意思が固いというのもよくわかるが、ファンにとってはやはり、「もう1年プレーを見たかった」とどうしても考えてしまう。

王の引退発表に際し、そんなファンの気持ちを代弁したのが、王に次ぐ通算本塁打数歴代2位の記録をもつ野村克也だった。

頂点を極めた選手の引退のあり方についてインタビュアーに問われた野村は、あれだけの選手が辞めるのであれば、引退声明を先に出し、翌年1年プレーして、ファンに別れを告げていくという方法がふさわしいのではないか、と答えている。

最近では新庄剛志の現役引退が、このかたちに近いだろう。06年、シーズン開幕早々の４月、この年限りの引退を宣言し、シーズン終了を待って引退した。スター選手の引退の仕方としては、ファンの立場に立ったひとつの方法と言ってもいい。

もし王も、この形式で翌81年、もう1年だけプレーして引退していったとしたらどうだっただろうか。最後にその点について、想像を巡らせてみよう。

81年も現役を続行するとき、王のモチベーションとなるものはなんだろうか。すでにアーロンの世界記録は塗り替え、意欲を失いかけている王には新たな目標がなければならないだろう。

それはたぶん、「20年連続30本塁打」、「本塁打通算９００号」、「通算打率３割」の３つの目標だろう。これらをモチベーションに、1年間、現役を続けていたらどうだったか。

仮に、80年と同じ４４４打数なら、１２２安打、打率・２７５であれば、通算打率・３００であった。本塁打も32本で通算９００本となる。

この年、巨人は日本シリーズで日本ハムを破り、８年ぶりに日本一となっている。

勝利の美酒を現役選手としてもう一度味わい、「通算本塁打900本」、「通算打率3割」、「20年連続30本塁打以上」の栄誉を携えて花道とすることもまったく可能性がない話ではない。

ただ、現実の王は、決してそのような引退を選ばなかった。

「口はばったい言い方ですけれど、王貞治としてのバッティングができなくなったということです」

そう言って、自身の理想のバッティングに殉じて、静かにバットを置いたのである。

〈王貞治プロフィール〉

1940年生まれ、東京都出身。177センチ、79キロ。左投げ左打ち。早稲田実高→巨人（59年～80年）。通算22年、2831試合、2786安打、打率・301、868本塁打、2170打点。首位打者5回、本塁打王15回、打点王13回、最多安打3回、ＭＶＰ9回、ベストナイン18回、ダイヤモンドグラブ賞（現・ゴールデングラブ賞）9回、球宴出場20回。

★現役最終年度（80年）成績＝１２９試合、１０５安打、打率・２３６、30本塁打、84打点。

「最後の1年」がもっともすごかった大打者とは

……山本浩二

◎辞めていく年でもベストナインに選出

引退した打者のなかでも、現役最終年の成績のすばらしさにもっとも驚かされるのが山本浩二（広島）である。あらためて記録をひもとくと、その数字に圧倒される。

現役最終年となった1986年は、本塁打27本、打点78、打率・276の成績を収めている。本塁打、打点がリーグ7位、打率がリーグ15位である。そして驚くなかれ、「ベストナイン」外野手部門にも選出されているのだ。ちなみに、もうふたりのベストナイン外野手はウォーレン・クロマティと吉村禎章（いずれも巨人）だ。

山本の現役最終年、1986年のセ・リーグ本塁打、打点上位十傑

本塁打		
1	R・バース（阪神）	47本
2	W・クロマティ（巨人）	37本
3	原辰徳（巨人）	36本
3	ゲーリー・R（中日）	36本
5	レオン・L（ヤクルト）	34本
6	真弓明信（阪神）	28本
7	山本浩二（広島）	27本
7	C・ポンセ（大洋）	27本
9	岡田彰布（阪神）	26本
10	衣笠祥雄（広島）	24本

打点		
1	R・バース（阪神）	109打点
2	C・ポンセ（大洋）	105打点
3	W・クロマティ（巨人）	98打点
4	レオン・L（ヤクルト）	97打点
5	ゲーリー・R（中日）	82打点
6	原辰徳（巨人）	80打点
7	山本浩二（広島）	78打点
8	D・ローマン（大洋）	75打点
9	吉村禎章（巨人）	72打点
10	岡田彰布（阪神）	70打点

これだけの成績を収めているにもかかわらず、この年で現役引退とは実に惜しい。いったいどのようなプロ生活を歩み、引退へと至ったのか、その選手生活を振り返ってみよう。

山本浩二は広島県立廿日市高校の出身で、法政大学を経て、広島カープに68年ドラフト1位で入団する。

入団当初の背番号は「27」。プロ1年目の69年開幕戦で「6番・センター」でスタメン出場。このルーキーイヤーは、1番から9番までの打順を経験した。「中距離打者」の山本に対し、首脳陣も打順を試行錯誤していたのだ。

幸運だったのは根本陸夫監督、関根潤三打撃コーチ、上田利治コーチ、広岡達朗内野守備コーチらの名指導者がいたこと。山本はゆっくりとだが、着実に成長を遂げていった。71年より、引退した大打者・山内一弘の「背番号8」を禅譲された。74年には主に3番で起用され、打率・275、28本塁打（リーグ5位）、74打点、18盗塁の好成績を残した。

75年オールスターゲーム第1戦においては、セ・リーグ3番打者として4番・王貞治（巨人）、5番・田淵幸一（阪神）とクリーンアップを組んだ。そして、6番に入った同い年のチームメイトの衣笠祥雄（広島）と2打席連続アベック本塁打を放った。

この自信を糧に「4番打者」に定着し、この年、打率・319、30本塁打、84打点、24盗塁を記録。初のタイトル

1986年セ・リーグ
ベストナイン

投　手	北別府学	（広）
捕　手	達川光男	（広）
一塁手	R・バース	（神）
二塁手	篠塚利夫	（巨）
三塁手	レオン・L	（ヤ）
遊撃手	高橋慶彦	（広）
外野手	クロマティ	（巨）
外野手	吉村禎章	（巨）
外野手	山本浩二	（広）

となる首位打者を獲得する。そして、75年10月15日、球団創設26年目で悲願のセ・リーグ初優勝も経験する。

広島はこの年から赤いヘルメットを使用。首位打者となり、ＭＶＰにも選ばれた山本は「ミスター赤ヘル」と呼ばれるようになったのである。

◎たった3人しかいない「500本塁打、200盗塁」達成者

山本浩二の長打力が本格的に開花したのは、77年からだろう。本塁打44本、打点113で、どちらも王に次ぐリーグ2位となる。

この年から81年までの5年間で、「打率3割、40本塁打、100打点」を実に4度もマークした。三冠王も狙うスラッガーへと成長し、それとともに広島も強くなっていった。

首位打者を1回、本塁打王4回、打点王に3回輝いた山本は、「配球読みのコージ」の異名を取っていた。20代中頃、法政大学の3年先輩の長池徳二（阪急）に、投手のクセを覚えることの重要性を説かれたことがきっかけだった。

1979年オールスター。サヨナラ２点本塁打を放つ山本

ネクストバッターズサークルで投球フォームをじっくり観察し、配球を読み解く技術は年々研《と》ぎ澄まされていった。80年、ドラフト1位で入団してきた川口和久の投球練習の際は、数球見ただけで、カーブを投じるクセを見抜いたという。

左足をアウトステップしながらも、右ヒザと右肩は開かず、外角球に両腕を伸ばしてボールをとらえた。だから打球はライトスタンドへ飛んでいった。山本のそんな打撃フォームが筆者

山本浩二　年度別打撃成績

年度	球団	試合	打席	安打	本塁打	打点	打率
1969	広島	120	404	88	12	40	.240
1970		128	514	112	22	56	.243
1971		123	484	108	10	52	.251
1972		＊130	557	125	25	66	.258
1973		126	526	121	19	46	.269
1974		127	529	131	28	74	.275
1975		＊130	526	144	30	84	＊.319
1976		129	535	136	23	62	.293
1977		＊130	552	138	44	113	.308
1978		＊130	563	153	＊44	112	.323
1979		＊130	556	137	42	＊113	.293
1980		＊130	539	148	＊44	＊112	.336
1981		＊130	553	156	＊43	＊103	.330
1982		＊130	544	137	30	90	.306
1983		129	558	146	＊36	101	.316
1984		123	508	128	33	94	.293
1985		113	460	110	24	79	.288
1986		126	501	121	27	78	.276
通算：18年		2284	9409	2339	536	1475	.290

＊はリーグ最高

は懐かしい。

同い年の衣笠祥雄との５００本塁打コンビは、ＹＫ砲と呼ばれた。王貞治と長嶋茂雄のＯＮ砲コンビ（１０６回）に次ぐ、日本プロ野球史上２位の86回のアベック本塁打を放っている。

山本は78年、80年、81年、83年と４度本塁打王になっているが、その当時、球界を代表する投手だったのが江川卓（巨人）だ。

山本と江川の通算の対戦成績は、１３３打数46安打、打率・３４６、14本塁打、28打点、９四球、14三振だった。江川は引退後、「いちばん苦手だった打者は山本浩二さん」と告白している。

山本は走力・守備力も長《た》けており、史上３人しか達成していない「５００本塁打、２００盗塁」を記録（ほかに張本勲と衣笠祥雄）、セ・リーグ最多タイ10度のダイヤモンドグラブ賞にも輝いている。まさに、走攻守そろった名プレーヤーだった。

◎引退の引き金となったふくらはぎの故障

引退の引き金となったのは、85年開幕前の右ふくらはぎ痛だった。70年代後半から80年代初めにかけて、セ・リーグの後楽園球場、神宮球場、横浜スタジアムは人工芝を敷設したが、それによる身体への負担も大きかったのだろう。

山本自身も語っていたが、当時はふくらはぎを痛めるとだいたい1、２年で引退につながるケースが多かった。現代ではあまりピンとこないが、当時の医療ではふくらはぎの故障は致命傷だったのだ。

結局、85年のシーズンは、１１３試合出場にとどまり、24本塁打、打点79、打率・２８８に終わり、８年間続いてきた30本塁打以上が途絶えることになる。

この年限りで退任した古葉竹識監督からは、翌年からのプレーイングマネージャー、もしくは引退しての監督就任を勧められるが、それを断り、現役を続行した。

そして迎えた翌86年、結果的にこの年が山本の現役最終年となった。チームは、阿南準郎新監督のもと、２年ぶりのリーグ制覇を果たす。最多勝の北別府学、「炎のストッパー」津田恒実、新人王の長冨浩志ら投手陣が躍動した。

この86年ペナントレース終盤より、「山本が引退するかもしれない」という情報がメディア関係者の間で流れはじめる。当時、私が在籍していたベースボール・マガジン社でも、主筆を務めるベテラン記者が極秘情報を事前につかみ大騒ぎになったことを覚えている。山本本人は記者に引退の可能性を問われても、いずれはっきりさせるので、進退の話をシーズン中に取材するのはやめてほしいと言うだけで、正式な表明はしなかった。

しかし本人は明言せずとも、周辺情報や引退を示唆する情報が日々報道されていくなかで、その年限りでの引退という雰囲気は、シーズンの最終盤に至って、多くのファンにも理解されることとなった。

山本のペナントレース最終打席は、矢野和哉（ヤクルト）からの本塁打で締めくくった。

日本シリーズでは西武との対戦となったが、そこでも山本は、第1戦9回に同点ソロ本塁打を放つ活躍を見せる。

先発は東尾修。外角スライダー1本に狙いをしぼった。秋の広島市民球場は右翼ポール際の打球が伸びる。打席ではストライクゾーンを外にずらして、「外角を真ん中」にして待ったという。「３球目、読みもスイングも状況判断も18年間の集大成だった」と山本は振り返っている。

結局、このシリーズは第８戦までもつれ、広島は敗れたが、試合後、スタンドに駆けつけた家族に見守られながら、万雷の「浩二コール」のなか広島ナインから惜別の胴上げをされたのだった。

◎引退時にあっても、28歳時と同等の成績を収めている驚き

あらためて山本の現役最終年、86年の成績は、１２６試合、１２１安打、打率・２７６、27本塁打、78打点だった。打率はリーグ15位、本塁打、打点ともリーグ７位という立派な成績だ。

しかも当時は外国人打者の活躍が盛んであり、日本人打者に限れば本塁打は原辰徳（巨人）36本塁打、真弓明信（阪神）28本塁打に次ぐ3位である。さらに打点は、原80打点に次ぐ2位という好成績だった（41頁表参照）。

山本の現役最終年、1986年のセ・リーグ個人打撃成績

	選手名	球団	打率	安打	本塁打	打点
1	R・バース	阪神	.389	176	47	109
2	W・クロマティ	巨人	.363	171	37	98
3	C・ポンセ	大洋	.322	151	27	105
4	レオン・L	ヤクルト	.319	154	34	97
5	吉村　禎章	巨人	.312	148	23	72
6	高木　豊	大洋	.310	145	1	29
7	真弓　明信	阪神	.307	157	28	60
8	上川　誠二	中日	.295	129	3	22
9	D・ローマン	大洋	.291	137	14	75
10	篠塚　利夫	巨人	.291	141	8	43
11	若菜　嘉晴	大洋	.288	107	4	29
12	高橋　慶彦	広島	.284	157	21	55
13	原　辰徳	巨人	.283	115	36	80
14	川又　米利	中日	.277	99	9	42
15	山本　浩二	広島	.276	121	27	78

山本の現役最終年の成績を丹念に見返していると、もう1点、ある事実に気づき驚かされる。実はこの年、40歳のときの成績は、先述した74年、台頭した28歳当時の記録（打率・275、28本塁打、74打点）とほぼ同じなのだ（45頁表参照）。

このデータを見れば、ピークは過ぎたとはいえ、まだまだプレーできるではないかと誰もが考えてしまうのではないだろうか。実際、翌年、現役を続けたとしても、出場試合数は減ったかもしれないが、30本塁打前後はまだ打てたに違いない。

それでも山本が引退を選んだのは、当時の「４番打者」に対する考え方や価値観が大きく影響している。４番を務める者は１年間、休まずに４番を張る責任があると当時は考えられていた。もちろん、山本もそう考えた。

しかし、ふくらはぎの痛みとともに、この頃には、ヒザと腰の故障も山本は抱えるようになっていた。その身体の状態を考えると、４番を全試合張り続けることがもはや困難だと悟り、引退の決断に至ったのだという。

現代はメジャーリーグでも、大谷翔平はシーズンに数試合、スタメンを外れる休養日があるくらいなので事情はずいぶん変わった。現在であったなら、あと１年、山本のプレーする姿を見ることができたかもしれない。

「休養を取りながら試合に出るのであれば、まだやれる自信はあった」と後日、山本自身も率直に語っているだけに残念だ。

結局、現役生活は18年。そのすべてのシーズンで「規定打席」に到達していた。

ずっとレギュラーを張っていたということだ。これが、山本のプライドでもあったのだろう。

通算536本塁打は、王貞治868本塁打、野村克也657本塁打、門田博光567本塁打に次ぐ史上4位。大卒選手としてはトップだ。

背番号8は、広島球団史上初の永久欠番となっている。


（山本浩二プロフィール）

1946年生まれ、広島県出身。183センチ、82キロ。右投げ右打ち。廿日市高→法政大→広島（69〜86年）。通算18年、2284試合、2339安打、打率・290、536本塁打、1475打点、231盗塁。首位打者1回、本塁打王4回、打点王3回、MVP2回、ベストナイン10回、ダイヤモンドグラブ賞（現・ゴールデングラブ賞）10回、球宴出場14回。
★現役最終年度（86年）成績＝126試合、121安打、打率・276、27本塁打、78打点。

現役最終年打率が史上1位だった知られざる選手

……土井正三

◎プロ野球史上、現役最終年に規定打席に到達した日本人はたった10人

「まだ引退するには惜しい」という選手を本書では取り上げているが、その選手たちを選ぶ際の指標や基準はいくつもある。どんなデータに着目して選手を抽出するか、それによって、意外な「最終年がすごい選手」が浮かび上がってくることもある。

ここで着目してみたいのは、シーズン規定打席だ。その算出法は、シーズンの試合数×3・1となる。

長いプロ野球史において、日本人選手で現役最終年に、この規定打席に到達した

選手はわずか10人しかいない。

一般的に引退していく選手の多くは、2軍暮らしの期間が長くなったり、ベンチを温めることが増え、1軍での出場機会を次第に減らしていき、最終的に引退へ至るという経緯をたどる場合が多いものだ。

しかし、ここで言う10人は、現役最終年も規定打席に到達している。すなわち、そのシーズンもレギュラーとして活躍していたことを意味する。

現役バリバリでありながら潔く引退していった、まさに「もったいない」選手と言ってもいいだろう。

そのもったいない10人を、打率順にまとめたのが次頁の表だ。

そしてこの項で取り上げるのは、この10人のなかでも、もっとも打率の高い土井正三である。

土井の現役最終年である1978年のプロ野球界は「打高投低」の傾向にあり、打率3割打者がセ・リーグで15人もいた。そのため、打率・285でも、土井はリーグ27位である。

現役最終年に規定打席に到達した日本人選手10人（打率順）

	打率とリーグ順位	引退年齢	引退年
① 土井正三（巨人）	.285（27位）	36歳	78年
② 山本浩二（広島）	.276（15位）	40歳	86年
③ 西沢道夫（中日）	.275（8位）	37歳	58年
④ 正田耕三（広島）	.274（18位）	36歳	98年
⑤ 藤原　満（南海）	.262（24位）	36歳	82年
⑥ 新庄剛志（日本ハム）	.258（27位）	34歳	06年
⑦ 衣笠祥雄（広島）	.249（30位）	40歳	87年
⑧ 川上哲治（巨人）	.246（18位）	38歳	58年
⑨ 長嶋茂雄（巨人）	.244（24位）	38歳	74年
⑩ 王　貞治（巨人）	.236（30位）	40歳	80年

しかし現在のプロ野球、2024年のシーズンでは、セ・パ両リーグの打率3割打者は、T・オースティン（DeNA）、D・サンタナ（ヤクルト）、近藤健介（ソフトバンク）のわずか3人しかいない。その現在からみれば、規定打席に到達していて、打率も2割8分を打っている土井が引退していくのは誠にもったいない気がしてくる。

現役最終78年の土井の成績は、110試合出場、107安打、打率・285、4本塁打、28打点、4盗塁、27犠打（リーグ最多）である。

「プロ野球史上、現役引退年の最高打率

（規定打席到達打者）」を残しているという点で、土井の現役最終年は特筆すべきものと言えるだろう。

◎ポジション争いに勝ってレギュラー獲得も引退を決意

土井は高校野球の名門・（兵庫）育英高校で甲子園出場を果たしたあと、立教大学に進学。立大、巨人では長嶋茂雄の7年後輩にあたる。東京六大学リーグでは通算84試合、67安打、打率・245、0本塁打だった。そして、「ドラフト制度」導入前年の65年にプロ入りした。

土井が巨人入りしたその年から、巨人のＶ９は始まった。65年、南海との日本シリーズで新人・土井は、第３戦で代打２点タイムリー、第５戦ではエース・杉浦忠からサヨナラ打を放つなど、日本一に貢献して、当時、二塁手のライバルだった船田和英、須藤豊、滝安治らに先んじる。

プロ２年目の66年には、リーグ最多25犠打をマークし、小技が武器の選手として早々に台頭する。

続く67年は、打率・２８９でリーグ10位、68年は打率・２９３でリーグ６位となり、２年連続でセ・リーグ打撃ベスト10入りを果たす。68年と69年はベストナインにも輝いた。

土井といえば、69年の阪急との日本シリーズでのプレーが有名だ。巨人２勝１敗で迎えた第４戦、巨人０対３の４回裏無死、一塁走者に王、三塁走者に土井、打席には長嶋という場面。長嶋は空振り三振に倒れるが、王が二塁盗塁のスタートを切っており、捕手の岡村浩二が二塁に送球。それを見た土井が本塁へ突入する。

二塁からの送球を再び受けた捕手・岡村が土井をブロックしてタッチするが、球審の岡田功はセーフのジャッジ。これに激高した岡村は、審判の岡田を殴り退場処分となる事件に発展する。

当時は捕手が走者をブロックすることが認められており、岡村は完璧にブロックしていたと確信していただけに、この判定には納得がいかなかったのだ。

しかし、翌日の新聞社の写真には、捕手の両足の間から、土井の左足が本塁に到達している決定的瞬間が写っていた。いまふうに言うなら、「神の左足」とでも表

土井正三 年度別打撃成績

年度	球団	試合	打席	安打	本塁打	打点	打率
1965	巨人	105	302	67	0	19	.249
1966		129	480	103	5	39	.245
1967		131	517	131	9	34	.289
1968		124	516	136	3	47	.293
1969		129	490	116	6	42	.270
1970		113	418	94	5	19	.251
1971		108	300	56	3	21	.222
1972		123	456	106	8	37	.270
1973		105	355	80	5	31	.262
1974		94	162	27	0	12	.186
1975		111	442	107	7	27	.264
1976		89	255	58	2	20	.251
1977		115	374	87	8	49	.260
1978		110	435	107	4	28	.285
通算：14年		1586	5502	1275	65	425	.263

現するのかもしれない。

結局、試合はその後、退場した岡村の代わりに若い中沢伸二がマスクをかぶり、6失点をして巨人が逆転勝ち。日本シリーズ自体も4勝2敗で巨人が優勝するのだった。

その後も土井は、柴田勲、高田繁とともに、スラッガーのON（王、長嶋）につなぐ1、2番打者を務め、巨人V9の中心選手として活躍した。

5度のシーズン最多犠打をマークし、「いぶし銀」、「バイプレーヤー」が土井の代名詞となるのである。

そして、74年、ついに巨人がV10を逃す。川上哲治監督は退陣し、立大先輩の長嶋が監督に就任する。

川上監督に4番・長嶋茂雄はいても、長嶋監督に4番・長嶋茂雄はいない。巨人は75年、球団史上初のメジャーリーグ出身野手となるデーブ・ジョンソンを獲得した。ジョンソンは、75年は長嶋の抜けた三塁を守り、76年はメジャーリーグの「ゴールドグラブ賞」3度の本職である二塁を守ったため、土井は正二塁手の座を譲ることになる。

78年にも二塁を守る強打のジョン・シピンが、大洋から巨人に移籍してきた。しかし土井は、シピンをライトや三塁に追いやり、二塁手のレギュラーに返り咲く。78年は110試合に出場、打率・285で、ダイヤモンドグラブ賞まで受賞したのだった。

しかし、この年、78年が土井の現役最終年となる。

◎当時の歴代犠打数1位の記録更新も可能だった

なぜ、最後の年まで二塁手のレギュラーとして活躍していた土井が、突然、引退をすることになったのだろうか。

そこには、球団が進めようとしていたチーム設計が大きく関わっている。巨人フロントは1軍内野守備走塁コーチ・黒江透修の後釜として、土井を据《す》えようと考えていた。そのため、土井に引退勧告をして、コーチ就任を打診したのだ。

しかし、好成績を挙げた土井としては、翌シーズンの契約更改交渉において年俸アップをもくろんでいたので、現役続行を希望する。プロ入り14年のベテラン選手・土井が、選手からコーチとなれば年俸ダウンは必至だからだ。

現在、「1軍選手最低保証（24年は1600万円）」と「1軍新米コーチの年俸」がだいたい同じくらいだ。これは、「選手として実績を残してコーチに就任した人物」の年俸が、「プロで1球も投げていない、打っていない選手」の年俸より安いのはおかしいという観点から、せめて同額という金額設定がなされているのだろう。

1974年９月７日、対広島戦。華麗にダブルプレーを決める土井

このように、コーチの年俸は、選手のときの年俸よりかなり低く抑えられている。そのため、好成績を収めていた土井も現役にこだわった。もちろんプレーそのものも続けたい。だが結局、「長嶋監督の懐刀《ふところがたな》に」というフロントの説得に押し切られ、敬愛する先輩のために現役ユニフォームを脱ぐことを決断する。36歳であった。

78年引退当時、土井の通算242犠打は、吉田義男の通算264犠打に次ぐ史上2位の記録だった。

もし、現役にこだわって翌年もプレーをしていたとしたらどうだったか。まだ36歳で、大きな故障を抱えることもなくレギュラーとして規定打席に到達していただけに、前年と同程度の成績は残せた可能性が極めて高いだろう。

あと22と迫っていた当時の歴代犠打数1位の吉田義男の記録を塗り替えて1位となっていたかもしれない。打率はともかくも、「シーズン100安打」は打てたのではないか。

55頁に掲載した現役最終年に規定打席に到達した10人のなかでも、藤原満（南海）や正田耕三（広島）なども、まだまだ現役バリバリであったが、土井のように、

「コーチ就任要請」を受けて、引退を決断していった選手と言っていい。

個人的な現役への執着を抑えて、「後進に道を譲って、指導者へ」という、チームの方針に従うのも、プロ野球選手のひとつの引退のかたちなのだ。

（土井正三プロフィール）

１９４２～２００９年。兵庫県出身。１７２センチ、62キロ。右投げ右打ち。育英高→立教大→巨人（65年～78年）。通算14年、１５８６試合、１２７５安打、打率・２６３、65本塁打、４２５打点、１３５盗塁、２４２犠打。ベストナイン２回、ダイヤモンドグラブ賞（現・ゴールデングラブ賞）１回、球宴出場４回。

★現役最終年度（78年）成績＝１１０試合、１０７安打、打率・２８５、４本塁打、28打点、４盗塁、27犠打（リーグ１位）。

13勝5敗、エースのままマウンドを去った「怪物」

……江川卓

◎高校時代から周囲とはレベルが違ったピッチング

引退してしまうには誠に「もったいない」と思わせたプロ野球選手のなかでも、投手の代表格は巨人の江川卓だろう。１９８７年、現役最終年においても、13勝5敗の成績を収めており、まだまだ誰もがプレーするものと考えていた。それゆえ、シーズン終了後の突然の引退発表に多くのファンは驚いた。そして、「まだ、できるのに……」と、その引退を惜しんだのだった。

江川を語るには、まず「プロ入りの経緯」から触れなければならないだろう。江川は、栃木・作新学院高校3年春のセンバツ甲子園でデビューし、達川光男（のちに広島）がいた広島商業高校に敗れたが、準決勝進出を果たす。

高校３年夏の甲子園では、雨中の２回戦で、篠塚利夫（のちに巨人）がいた千葉・銚子商業高校に敗れた。

甲子園で通算６試合、４勝２敗、防御率０・46。59回１／３を投げて92奪三振、９イニング平均13・96奪三振だった。高校生のなかにひとりだけメジャーリーガーがいるかのような、レベルの違いを見せつけた。

73年には、阪急にドラフト１位指名されるが、これを拒否して法政大学に進学する。東京六大学リーグで歴代２位の通算47勝をマークした。そして４年後の77年、今度はクラウンのドラフト１位をまたも見送り、南カリフォルニア大学で浪人生活を送る。

しかし、翌78年、ドラフト会議前日の11月21日、巨人と江川は電撃的に入団契約を結ぶ。巨人は「ドラフト会議の１日前は、交渉権がどの球団にも属さない」という野球協約の盲点を突いたのだった。

ドラフト会議前日は全球団、会議の準備日にあてることになっていた。すなわち、

77年ドラフトにおけるクラウンの交渉権は78年11月20日を最後に消滅し、11月21日は、いわゆる「空白の一日」と解釈できるというのが巨人の主張である。

しかし、野球機構側は巨人の主張を却下。ドラフト会議では江川を4球団が1位指名することになる。そして抽選の結果、阪神が江川の交渉権を獲得した。

このドラフト会議をボイコットしていた巨人は、「全12球団が参加していないドラフトは無効である」と主張。そのため、巨人と江川は世論の大反発を受けることになった。

最終的に、当時の金子鋭コミッショナーの「強い要望」により、江川はいったん阪神に入団したのち、巨人に移籍することとなった。巨人から阪神への「見返り」は、なんと76年18勝、77年18勝、78年13勝を挙げていたエース・小林繁だった。

ここで多くの人が認識違いをしていることがある。実質的には「江川と小林の交換トレード」であったが、野球協約上、「新人選手の開幕前トレードを禁じる」という旨の条項があるため、契約上は江川（阪神）は「巨人との金銭トレード」、小林（巨人）は「阪神との金銭トレード」ということで移籍した。

江川自身は大人の世界に翻弄された被害者であった。

◎打者で言えば三冠王と同価値の「投手五冠」を獲得

江川はプロ1年目の79年、開幕2ヵ月間は1軍登板を自粛した。結局、このシーズンは実戦から離れていたこともあって、9勝10敗の負け越しで終わっている。

しかし、巨人入団当初から、すでに周囲の1軍選手たちからも、ケタ違いの能力は認められており、一目置かれていた。

同時期に巨人でプレーした角三男（盈男）を筆者は取材したことがある。彼は、江川より1歳下、78年の新人王である。その角によれば、自分たちがビアタンブラーであるなら、江川は大ジョッキだったとたとえている。自分たちが器の限界を超えてあふれるくらい努力しているところ、江川は八分目の力ですごいボールを投げていたと表現していた。

そしてプロ2年目、80年。江川は16勝を挙げ、最多勝のタイトルを獲得。いよいよ、その実力を発揮しはじめる。

江川卓　年度別投手成績

年度	球団	登板	完投	勝利	敗戦	勝率	投球回	奪三振	防御率
1979	巨人	27	7	9	10	.474	161.0	138	2.80
1980		34	18	*16	12	.571	261.1	*219	2.48
1981		31	*20	*20	6	*.769	240.1	*221	*2.29
1982		31	*24	19	12	.613	263.1	*196	2.36
1983		33	10	16	9	.640	217.2	131	3.27
1984		28	13	15	5	*.750	186.0	112	3.48
1985		30	3	11	7	.611	167.0	117	5.28
1986		26	8	16	6	.727	194.0	119	2.69
1987		26	7	13	5	.722	166.2	113	3.51
通算：9年		266	110	135	72	.652	1857.1	1366	3.02

＊はリーグ最高

3年目の81年は、さらに成績を伸ばし、日本球界のエースとしての地位を確立する。31試合登板、240回1／3に投げ（20完投7完封）、20勝6敗（勝率・769）、0セーブ、防御率2・29、221奪三振の成績を残した。

そして、「最多勝」、「最優秀防御率」、「最多奪三振」、「最高勝率」のタイトルを総なめにしたのだ。もちろんMVPも受賞している。

さらに「最多完封」も記録しており、これも含めれば、「投手五冠王」だった。これは、「記録の神様」と呼ばれ、のちに日本野球機構のデータベースシステム・ＢＩＳの本部初代室長を務めた宇佐美徹也氏によれば、「打者で言えば三冠王の価値」だという。

プロ野球史上、打者の三冠王は８人（のべ12度）だが、投手の五冠王も８人（のべ９度）しかいない。

１９３７年春・沢村栄治（巨人）、38年秋・ヴィクトル・スタルヒン（巨人）、43年・藤本英雄（巨人）、54年・杉下茂（中日）、59年・杉浦忠（南海）、81年・江川卓（巨人）、２００６年・斉藤和巳（ソフトバンク）、21年、22年・山本由伸（オリックス）しか達成していない偉業である。

◎データが示す、実は「手抜き」とはほど遠かった江川のピッチング

81年、19勝目を挙げた９月３日のヤクルト戦（神宮球場）。最終打者・杉浦亨を空振り11奪三振目に打ち取った１２３球目内角高めのストレートは、ホップしてバットの上を通過していった。

筆者はまだ高校生17歳だったが、テレビ画面を通して見たあの球は衝撃的で脳裏

に焼きついている。江川にはまだ余力があるように見えた。球速が本当に表示された143キロ程度だったら、まったく当たらないようなあんな空振りはしない。もちろん当時のスピードガンの精度の問題もあって、実際は表示されるよりずいぶん速かったはずだ。

江川の球のすごさを、さまざまな選手から取材の際に聞いたことがある。

高卒入団以来6年連続「最多奪三振」のタイトルを獲得した江夏豊でさえ、「ストレートしかない場面で堂々とストレートを放って打者を牛耳ることができる投手を『怪物』と定義する。江川は怪物だった」と話していた。

阪神の4番打者として対決した掛布雅之は「最低でも150キロ、好調時は155キロ出ていたのではないか」と絶賛した。

江川の次代の巨人のエース・斎藤雅樹も、「回転軸がほとんど真っすぐで、スピンのきいたホップ成分が高い球だった」と述懐しており、「プロの自分でも、これまで見たことがない球質」と言っていた。

投手部門のタイトルを総なめにした翌年、82年も江川は19勝を挙げている。しか

1981年６月21日、対中日戦で完封勝利の力投を見せる江川

し、被本塁打36本はリーグ最多でもあった。そのため、「一発病」、「手抜き」と言われたが、ある程度点を取られても、最終的に完投して勝てばいいという考え方だったのだろう。味方が3点取れれば、2点までやれるという考え方だ。

また、思い切り投げてコントロールを乱すくらいなら、少し抑えてコースに投げ分けたほうが得策だという見方もある。実際、江川はコントロールがよかった。82年の「シーズン無四球試合10」は、あの「精密機械」小山正明と並ぶセ・リーグタイ記録であった。

また、球数が多くなると打ち込まれることも多く、「100球肩」と揶揄《やゆ》されることも多かった江川。

しかし、残した成績を精査すると、意外な実像が浮かび上がる。江川は先発252試合で110完投、完投率44パーセントだ。一方、「ミスター完投」と称賛された斎藤雅樹は先発301試合で113完投、完投率38パーセント。通算完投数はほぼ同じで、むしろ完投率は江川のほうが高いのだ。

さらに、通算2000投球回以上の投手で、斎藤は180勝96敗で史上3位の勝率・６５２だが、投球回１８５７回１／３の江川も１３５勝72敗で勝率・６５２だった。

「１００球肩」と言われた江川は、実はほかの多くの投手よりも試合の最後まで投げ抜き、そして、「負けない」投手だったのだ。それは、「手抜き」というイメージとは真逆の実像と言えるだろう。

◎あの被本塁打がなければ、まだプレーしていただろう

江川の引退の原因となった肩の故障のきっかけは、入団４年目、82年の夏にさかのぼる。

この年、江川はオールスター第１戦に先発したが、１回降板。実はその前日に行われたＣＭ撮影時のアクシデントで肩を痛めたようなのだ。これ以降、江川は肩の痛みと闘いながらプレーを続けることになる。

85年のオフから鍼《はり》治療を始める。ふだんは普通の鍼でしのぎ、節目のときは太くて長い中国鍼を打った。

江川は好投していたのに突如崩れだしたり、マウンド上で首を傾げるポーズをよく見せたものだが、それはそれだけ肩が思うようにならない状況が頻繁に起こっていたということなのだろう。

現役最終年の87年になると、常に太い中国鍼でなければ効果が出なくなっていた。なんとか痛みをだましだましプレーし続けた江川は、8月27日の大洋戦、8安打を浴びながら、156球を投げ切り、1失点で3試合連続完投勝利を挙げる。これでシーズン12勝2敗とした。

そしてついに、「運命の日」となった87年9月20日の広島戦を迎える。

巨人2対1と1点リードの9回裏、広島の攻撃、二死から3番・高橋慶彦の二塁ゴロかと思われた打球を、一塁手・中畑清が飛び出して逆シングルハンドで捕球、一塁ベースカバーに入った江川に投げたが、送球がそれて一塁セーフ（記録は内野安打）となる。

勝負事に「たら、れば」は禁物だが、もしこの回が3人で終わっていれば、江川は現役を続けていたかもしれない。

二死一塁となり、ここで迎えるは4番・小早川毅彦。前の打席では本塁打を放っている。

江川はもう頭に血が上っていた。捕手・山倉はしきりにカーブのサインを出していたのだが、眼中にない。もう内角ストレートしか考えていなかった。

江川によれば、この日はここ数年でいちばん調子がよく、肩の痛みもなかったという。そのため今日、この場面で、ストレートで三振を取れれば、また翌年も2ケタ勝利を挙げられるのではないかと考えたという。そして、来季を占う意味でも、自身の進退をかけて、渾身のストレートを投じた。

しかし、江川が投げ込んだ内角ストレートは、小早川に打ち返される。バット一閃。打球はライトスタンドにサヨナラ逆転2ランとなって消えたのだった。

この瞬間、江川の現役引退の意思は固まった。引退会見で江川は、「あの試合で、江川卓の野球が終わった」と述べている。

◎最終年の「防御率リーグ8位」の現代的価値はどれほどか

87年11月8日付のスポーツ紙朝刊。「江川引退決意　32歳肩痛もう限界」の大見出しが躍った。

引退を申し出た江川に対し、球団側は、「中5日の先発ローテーションを中10日に変えて、年間7～8勝で終わってもいい。君の存在自体が重要だ」と慰留したというが、江川の意思は固かった。

あらためて江川の現役最終年、87年の成績を見てみよう。

26試合166回2／3に投げ（7完投0完封）、13勝5敗（勝率・722）、防御率3・51、113奪三振だった（68頁表参照）。

参考資料として、2023年、24年のセ・リーグ個人投手成績も次頁に掲載したのでご覧いただきたい。

23年、セ・リーグMVPである村上頌樹（阪神）は、22試合、144回1／3に投げ、10勝6敗だ。最多勝は東克樹（DeNA）の16勝。

24年は菅野智之（巨人）が15勝で最多勝。13勝に才木浩人（阪神）、東の2人が

2023年セ・リーグ個人投手成績

順位	選手	防御率	試合	勝利	敗北	セーブ	完投	投球回	奪三振
1	村上　頌樹　（神）	1.75	22	10	6	0	2	144.1	137
2	東　克樹　（デ）	1.98	24	16	3	0	4	172.1	133
3	床田　寛樹　（広）	2.19	24	11	7	0	2	156	86
4	戸郷　翔征　（巨）	2.38	24	12	5	0	4	170	141
5	伊藤　将司　（神）	2.39	21	10	5	0	3	146.2	91
6	柳　裕也　（中）	2.44	24	4	11	0	2	158.1	105
7	髙橋　宏斗　（中）	2.53	25	7	11	0	1	146	145
8	九里　亜蓮　（広）	2.53	26	8	8	0	3	174.1	129
9	山﨑　伊織　（巨）	2.72	23	10	5	0	3	149	106
10	今永　昇太　（デ）	2.80	22	7	4	0	2	148	174

2024年セ・リーグ個人投手成績

順位	選手	防御率	試合	勝利	敗北	セーブ	完投	投球回	奪三振
1	髙橋　宏斗　（中）	1.38	21	12	4	0	1	143.2	130
2	菅野　智之　（巨）	1.67	24	15	3	0	3	156.2	111
3	才木　浩人　（神）	1.83	25	13	3	0	4	167.2	137
4	大瀬良　大地　（広）	1.86	25	6	6	0	2	155	98
5	戸郷　翔征　（巨）	1.95	26	12	8	0	4	180	156
6	東　克樹　（デ）	2.16	26	13	4	0	2	183	140
7	床田　寛樹　（広）	2.48	26	11	9	0	0	167	95
8	森下　暢仁　（広）	2.55	23	10	10	0	2	151.2	98
9	村上　頌樹　（神）	2.58	25	7	11	0	2	153.2	130
10	大竹　耕太郎　（神）	2.80	24	11	7	0	0	144.2	91

いる。ちなみに22年は、青柳晃洋（阪神）が13勝で最多勝だ。

このようにここ3年でみると、シーズン13勝以上を挙げたのは、各年で1～3人ずつしか存在しない。その点から考えると、江川の13勝は、現在のプロ野球界においてはかなり立派な数字だと言えるだろう。

また、個人成績の順位にも着目してみよう。江川は最終年87年、セ・リーグの個人投手成績、防御率の堂々8位である（79頁表参照）。23年で言えば九里亜蓮（広島）、24年は森下暢仁（広島）が8位で同ランクだ。ここからも当時のリーグにおける江川の相対的な活躍度合い、存在感が伺える。

最終年の「貯金数」も注目すべき点だ。江川は13勝5敗で8個つくっている。それに対し、23年セ・リーグは東が13個、戸郷翔征（巨人）が7個、24年は菅野が12個、才木が10個、東が9個、高橋宏斗（中日）が8個の貯金をつくった。

これらを比較しても、江川の最終年における「貯金8」は、チームへのかなりの貢献度であることがわかる。

また、肩痛を抱え衰えてきたという見方もあるが、最終年の合計投球数は271

江川の現役最終年、1987年のセ・リーグ個人投手成績

順位	選手	防御率	試合	勝利	敗北	セーブ	完投	投球回	奪三振
1	桑田　真澄（巨）	2.17	28	15	6	0	14	207.2	151
2	川端　順（広）	2.42	57	10	2	2	0	130.1	80
3	小松　辰雄（中）	2.74	28	17	6	0	10	200.1	147
4	遠藤　一彦（洋）	2.88	23	14	7	0	15	181.1	107
5	大野　豊（広）	2.93	25	13	5	0	8	159.2	145
6	川口　和久（広）	2.95	27	12	11	0	8	183.1	184
7	槙原　寛己（巨）	3.40	21	10	6	0	5	140.1	132
8	江川　卓（巨）	3.51	26	13	5	0	7	166.2	113
9	西本　聖（巨）	3.67	26	8	8	0	3	130	67
10	キーオ（神）	3.80	27	11	14	0	6	168	119

６球で、登板26試合で割ると、１試合平均１０４球を投げている。この数字は当時は「１００球肩」と言われたかもしれないが、球数制限が常識となった現代で言えば、一流投手の条件を満たしたものと言える。

９年間のプロ生活で、通算成績は２６６試合１８５７回１／３（１１０完投）に投げ、１３５勝72敗３セーブ、防御率３・02だった。１年平均にすると、30試合２０６回１／３（12完投）に投げ、15勝８敗ということになる。

現役当時、江川は「いまの15勝は

昔の20勝」と発言して、賛否両論を巻き起こしたが、その言葉は間違っていなかった。江川が現役の79年から87年までの9年間、各球団5人前後の先発ローテーションが確立していき、エース級の投手の先発登板試合数が減っていったのだ。

その結果、この9年間で、20勝以上を挙げたセ・リーグ投手は79年の小林繁（阪神）22勝、81年の江川20勝、82年の北別府学（広島）20勝のわずか3人しかいなかった。

その点から考えても、江川の通算成績である年間平均15勝8敗という数字は、現役9年間にわたり、エースとして終始第一線で活躍していたことを物語る数字だ。

もし、江川が現役10年目もプレーをしていたらどうだっただろう。筆者は、これまで積み上げてきた彼の記録からみて、まだ10勝近くはできたのではないかと考える。

しかし、江川には、この10勝という数字が大きな意味をもつ。入団1年目の79年に9勝に終わった江川は、「1ケタ勝利で終わるようでは、プロ野球選手を続けてはダメだ」と考え奮起したという。

そのプロ入り1年目の誓いを胸に、江川はそれまで選手生活を送ってきた。だからこそ、肩の状態が悪化していくなか、「来年は2ケタ勝利を挙げられないかもしれない」という不安が、江川に最終的に引退を決断させたのだろう。

球団側が慰留したように、登板間隔を中5日より空けて、肩の痛みをケアしながらプレーすれば、翌年も7、8勝はできた可能性が高い。しかしそれでは、「江川卓のピッチング」ではないということだ。

〈江川卓プロフィール〉
1955年生まれ、福島県出身。183センチ、90キロ。右投げ右打ち。作新学院高→法政大→阪神（78年ドラフト1位）→巨人（79年途中〜87年）。通算9年、266試合、135勝72敗3セーブ、防御率3・02。最多勝2回、最優秀防御率1回、最多奪三振3回、最高勝率2回。MVP1回、ベストナイン2回、球宴出場8回。
★現役最終年度（87年）成績＝26試合（166回2／3）、13勝5敗0セーブ、防御率3・51。

元メジャーリーガーのあまりに「もったいない」引き際

……黒田博樹

◎あと1年、プレーが見たかった元メジャーリーガー

日本のプロ野球からメジャーリーグへ挑戦し、その後、また日本のプロ野球へと復帰するケースはいまでは珍しいことではなくなった。たいていの場合、帰国した選手たちは、復帰先の日本のチームで現役引退の節目を迎える。

そんな元メジャーリーガーのなかでも、あと1年、プレーが見たかったと思わせられるのが、黒田博樹（広島）だ。

黒田は1996年、専修大学から広島へ入団。1年目となる97年シーズンから先発ローテーションに加わり、規定投球回135をギリギリ投げ切り、6勝9敗の成

績を残した。

当時は黒田のように150キロを超えるストレートを投げる投手は多くなかったが、与四球63個は9イニング平均に換算すると4・20個、防御率も4・40と、まだまだ発展途上の選手だった。

広島の監督は入団時の三村敏之から達川光男、山本浩二へと代わっていくなか、黒田は徐々に完投能力を備えるようになっていった。05年まで「シーズン最多完投」を5度も記録する。「ミスター完投」と呼ばれた所以《ゆえん》である。01年には12勝を挙げ、チームの勝ち頭となる。05年は15勝をマーク、初めて最多勝のタイトルに輝いた。

黒田の野球人生のターニングポイントとなったのがプロ10年目の06年である。06年、黒田は26試合、189回1／3を投げ、13勝6敗の好成績を残した。26試合登板で投球回が189回1／3ということは、1試合平均7・28イニングを投げたことになる。エースの役割として、少ない球数で長いイニングを投げることを意識しはじめていることが数字に表れている。

黒田博樹 年度別投手成績

年度	球団	登板	完投	勝利	敗戦	勝率	投球回	奪三振	防御率
1997	広島	23	4	6	9	.400	135.0	64	4.40
1998		18	0	1	4	.200	45.0	25	6.60
1999		21	2	5	8	.385	87.2	55	6.78
2000		29	*7	9	6	.600	144.0	116	4.31
2001		27	*13	12	8	.600	190.0	146	3.03
2002		23	*8	10	10	.500	164.1	144	3.67
2003		28	8	13	9	.591	205.2	137	3.11
2004		21	*7	7	9	.438	147.0	138	4.65
2005		29	*11	*15	12	.556	212.2	165	3.17
2006		26	7	13	6	.684	189.1	144	*1.85
2007		26	*7	12	8	.600	179.2	123	3.56
2008	ドジャース	31	2	9	10	.474	183.1	116	3.73
2009		21	0	8	7	.533	117.1	87	3.76
2010		31	0	11	13	.458	196.1	159	3.39
2011		32	0	13	16	.448	202.0	161	3.07
2012	ヤンキース	33	3	16	11	.593	219.2	167	3.32
2013		32	1	11	13	.458	201.1	150	3.31
2014		32	0	11	9	.550	199.0	146	3.71
2015	広島	26	1	11	8	.579	169.2	106	2.55
2016		24	1	10	8	.556	151.2	98	3.09
NPB 13年		321	76	124	105	.541	2021.2	1461	3.55
MLB 7年		212	6	79	79	.500	1319.0	986	3.45

*はリーグ最高

また、シーズンでわずか21与四球しかなく、これは９イニング平均１・00与四球というすばらしい数字だ。入団当初の制球難が完全に改善されている。球数を少なく効率的に抑えるために、コントロールに磨きをかけた結果だろう。打者優位の当時にあって、防御率は１・85を記録。最優秀防御率のタイトルを初めて獲得したのだった。

◎メジャー通算79勝、先発の柱として活躍

06年は黒田にとってもうひとつ大きな出来事があった。ＦＡ権を得ていた黒田はシーズン終盤、移籍に関して思い悩んでいた。

広島では95年川口和久、00年江藤智がともに巨人へ、03年金本知憲が阪神へＦＡで移籍していたこともあり、黒田も他球団へＦＡ移籍するのではないかとの臆測が飛び交っていたのだ。

本拠地最終戦、広島のユニフォームで投げる黒田を見るのはこれが最後になるかもしれないと考えた広島ファンは、超巨大な横断幕を製作し、広島市民球場ライト

スタンドに掲げた。横断幕にはこう記されていた。

「我々は共に闘ってきた いままでもこれからも… 未来へ輝くその日まで 君が涙を流すなら 君の涙になってやる Carp のエース 黒田博樹」

低迷を続ける広島になんとか残留してほしい。しかし、他球団に行ったとしても、広島で育ったエースを我々は応援する。そんな思いが込められていた。

大観衆が声を合わせてその文字を読み、それに続いて「クロダ、クロダ!」の大合唱。さらに「背番号15」の赤いメッセージボードが、広島市民球場を真っ赤に染め上げた。

この光景にファンのみならず、筆者も含め、多くのプロ野球記者たちの心が揺さぶられた。当の本人、黒田の胸にも、当然、熱い思いは伝わったはずだ。

結局、「僕が他球団のユニフォームを着て、カープのファンの前で、カープの選手を相手に厳しい球を投げるのは、自分のなかで想像がつかなかった」と語り、翌年の広島残留を決意する。

07年は、12勝8敗、完投7の成績で、リーグ最多完投を記録。チームに貢献したのだった。そして翌年については、国内球団ではなく、メジャーリーグへの挑戦を黒田は決断する。

メジャーリーグではドジャースとヤンキースという、名門のユニフォームをまとった。５年連続２ケタ勝利、５年連続１９０投球回以上登板など、メジャーの主力投手として大いに活躍した。

黒田はメジャーに行って、いわゆる「フロントドア」と「バックドア」を覚え、駆使するようになった。フロントドアとは、右投手の場合、右打者の身体側から真ん中に入るカットボール、もしくは左打者の身体側から真ん中に入るツーシーム（シュート）を投げること。

バックドアとは、右投手の場合、右打者の外角から真ん中に入るツーシーム（シュート）、もしくは左打者の外角から真ん中に入るカットボールを投げること。

「打者が死球を覚悟したところ、少し変化して見逃し三振という『フロントドア』がいちばん気持ちいい」と、黒田は自らのウイニングショットについて語っている。

メジャーでは5年連続2ケタ勝利を含む7年で通算79勝をマークした。メジャー最終年、ヤンキースでの14年シーズンは、11勝9敗、199投球回、防御率3・71を記録。チームでは唯一、開幕から1年間先発ローテーションを守り、田中将大の13勝に次ぐチーム2位の勝ち星を挙げる活躍を見せた。

そのため、翌季の契約に向けて、複数のメジャー球団から、年俸20億円ともいわれる大型オファーが黒田のもとに寄せられた。

しかしここで黒田は、「最後の1球は広島で投げたい」との思いを語り、メジャーからのオファーの約5分の1と推定される年俸4億円で広島への復帰を決断したのだった。この時点で39歳、日米通算182勝であった。

◎日米通じて7年連続2ケタ勝利を継続したままの引退

日本球界復帰1年目の15年は緒方孝市新監督のもと、26試合、169回2／3を投げ、11勝8敗、防御率2・55の好成績を挙げる。勝利数がリーグ6位、防御率がリーグ7位という活躍で、翌年の現役続行を表明する。

そして迎えた翌16年、この年が結果的に現役最終年となる。7月23日の阪神戦では、7回を5安打無失点で勝利投手となり、ＮＰＢ・ＭＬＢ通算２００勝を達成。これは当時、野茂英雄に次ぐ2人目の快挙だった。

10月1日のヤクルト戦でも勝利投手として10勝目を挙げ、ドジャース時代から数えて通算7年連続2ケタ勝利を達成する。

この年、広島は91年以来25年ぶりのリーグ優勝を遂げた。黒田が日米通じて20年目のシーズンにして、初めて獲得したリーグチャンピオンだった。まさに神様から黒田への、ご褒美だったに違いない。

そして日本シリーズを目前に控えた10月、黒田はこの年限りの引退を表明した。日本シリーズ対日本ハム第3戦（札幌ドーム）が現役最終登板となり、5回2／3を投げ、被安打4、奪三振1、失点1だった。黒田が投げた最後の打者が大谷翔平だったのも、新旧交代の運命を感じさせた。

黒田の現役最終年は次頁の表のように、24試合、151回2／3を投げ、10勝8敗、防御率3・09。勝利数がリーグ4位、防御率がリーグ7位というすばらしい成績だった。

黒田の現役最終年、2016年のセ・リーグ個人投手成績

順位	選手		防御率	試合	勝利	敗北	セーブ	完投	投球回	奪三振
1	菅野　智之	(巨)	2.01	26	9	6	0	5	183.1	189
2	ジョンソン	(広)	2.15	26	15	7	0	3	180.1	141
3	野村　祐輔	(広)	2.71	25	16	3	0	1	152.2	91
4	田口　麗斗	(巨)	2.72	26	10	10	0	2	162	126
5	岩貞　祐太	(神)	2.90	25	10	9	0	2	158.1	156
6	メッセンジャー	(神)	3.01	28	12	11	0	2	185.1	177
7	黒田　博樹	(広)	3.09	24	10	8	0	1	151.2	98
8	石田　健大	(デ)	3.12	25	9	4	0	0	153	132
9	藤浪　晋太郎	(神)	3.25	26	7	11	0	2	169	176
10	井納　翔一	(デ)	3.50	23	7	11	0	2	151.2	113

メジャー時代から7年連続10勝をマーク。これだけ安定した成績を継続しているのだから、もう1年やっても10勝以上する余力はあったと筆者は思う。

それだけに、この時点での引退が実にもったいなく思われてくる。そもそも黒田の引退は、これまでの元メジャーリーガーたちの引き際と比較しても、あまりにも潔いものだ。

24年、引退を表明した和田毅（ソフトバンク）も、最終シーズンは登板8試合にとどまり、2勝2敗だった。さかのぼれば、石井一久（ヤクルト）は中継ぎとして7試合登板、0勝1敗。佐々木主浩（ベイスターズ）は9試合登板、1ホールド、4セーブ。伊良部秀輝（阪神）は3試合登板、0勝2敗。これらが元メジャーリーガーの現役最終年の成績である。

このように、多くの選手が日本球界復帰後、1年から数年はチームの主力として活躍するが、その後、故障などに苦しみ試合への出場機会を減らし、成績低迷を迎えて引退を決断していく場合がほとんどだ。

そういった「普通」の引退の道筋と比較すると、現役最終年においても防御率がリーグ7位で、10勝を挙げていた黒田の引退は異質で、まだまだできると思わせるものだ。

しかし、選手生命の終止符をどこで打つか、その場所を求め、黒田は広島カープに移籍してきたのだ。まだ活躍できるうちにメジャーから日本に戻り、世話になったチームに貢献し、ファンの前で精一杯投げる。その願いがかなったいま、もう現役生活に思い残すことはなかったのだろう。

〈黒田博樹プロフィール〉

1975年生まれ、大阪府出身。185センチ、93キロ。右投げ右打ち。上宮高→専修大→広島（96年ドラフト2位）→ドジャース（08年）→ヤンキース（12年）→広島（15年〜16年）。日米通算20年、533試合、203勝184敗1セーブ、防御率3・51。最多勝1回（日）、最優秀防御率1回（日）、ベストナイン1回、ゴールデングラブ賞1回、球宴出場5回（日）。

★現役最終年度（16年）成績＝24試合（151回2／3）、10勝8敗0セーブ、防御率3・09。

第２章

「いまでも通用する…」、そう言わしめた最強引退選手

引退して十数年たっても、「1イニングなら通用する」と言われた名投手……村田兆治

◎本物のフォークを投げた5人のうちの1人

引退試合で145キロ近い速球を投げ、ユニフォームを脱いで十数年たっても、依然として140キロのストレートを投げて周囲を驚かせた名投手がいた。50歳をゆうに超えても剛速球を投げ込むその姿は、「ワンポイントならまだ十分現役でできる」と、プロ野球関係者に言わしめた。

それが村田兆治（ロッテ）である。広島県出身の村田は福山電波工業高校（現・近畿大学付属広島高等学校福山校）から、1967年、ドラフト1位で東京（現・ロッテ）に入団した。

当時スピードガンがあれば、すでに球速は１５０キロ級だったといわれている。プロ入り2年目の69年には、37試合登板、１４６回１／３を投げて６勝を挙げ、頭角を現す。６勝中、完投が5と、完投の多さがすでに村田のプロ野球人生を暗示していた。

しかし、リーグ最多の80四球は、９イニング平均に換算すると４・92個。「コントロール抜群の投手」は２・00個以内なので、投手としては未完成だったと言える。村田が大投手への道を駆け上がっていくのは、71年、代名詞となる「マサカリ投法」を編み出してからだ。

大きく振りかぶって、尻を打者に向け、球を握った右手をふくらはぎまで下げ、そこから上げたヒジを今度は真上から振り下ろす。打者に尻を向けて投げ込むぶん、左肩が開かない。左肩が開かなければ、球の出どころも打者から見えづらい。村田は、「真上から投げ下ろす投球フォームは、往年の藤田元司さんを参考にした」と語っていた。

鉞《まさかり》を振り下ろす動作に似ていることから、「マサカリ投法」と名づけられたが、野茂英雄の「トルネード投法」も、力を蓄える同系統の投球フォームと言える。

マサカリ投法を身につけた71年、村田は43試合登板、12勝8敗、防御率3・34。初の2ケタ勝利を記録し、防御率はリーグ10位となる。

74年には金田正一監督のもと、2度目の2ケタ勝利、12勝をマーク。中日との日本シリーズでも4試合に登板し、日本一に貢献した。

しかし、71年が12勝、72年が3勝、73年が8勝、74年が12勝、75年が9勝と、村田はまだシーズン10勝前後を行き来するような投手でしかなかった。

そのためさらなる進化を追求し、ウイニングショットの習得を模索しはじめる。目をつけたのが、フォークボールだった。

フォーク習得のコツを尋ねた村山実から、1日24時間、人さし指と中指でボールを挟んでおきなさいとアドバイスされ、暇さえあれば両指でボールを挟み、ビール瓶をつかんで持ち上げるトレーニングを繰り返した。

その結果、プロ9年目、76年にフォークボールをマスターする。

江夏豊が「フォークボールの元祖・杉下茂さん以来、大きく鋭く縦に落ちる本物

村田兆治 年度別投手成績

年度	球団	登板	先発	完投	勝利	敗戦	投球回	奪三振	防御率
1968	東京	3	0	0	0	1	7.0	5	3.86
1969	ロッテ	37	20	5	6	8	146.1	90	3.58
1970		21	12	2	5	6	79.0	48	4.78
1971		43	27	8	12	8	194.1	122	3.34
1972		16	5	0	3	3	46.0	30	6.46
1973		40	24	6	8	11	157.0	104	3.21
1974		32	28	8	12	10	180.2	108	2.69
1975		39	17	11	9	12	191.2	120	*2.20
1976		46	24	18	21	11	257.1	*202	*1.82
1977		47	28	15	17	14	235.0	*180	2.68
1978		37	27	17	14	13	223.1	174	2.91
1979		37	*32	*21	17	12	*255.0	*230	2.96
1980		27	22	11	9	9	178.0	135	3.89
1981		32	*31	16	*19	8	230.2	*154	2.96
1982		6	6	3	4	1	40.1	27	2.93
1984		5	1	0	0	1	9.0	3	6.00
1985		24	24	10	17	5	173.2	93	4.30
1986		23	23	5	8	11	155.1	106	3.94
1987		21	21	3	7	9	130.2	74	4.34
1988		20	20	5	10	7	145.2	120	3.89
1989		22	22	16	7	9	179.2	135	*2.50
1990		26	19	4	10	8	115.2	103	4.51
通算：23年		604	433	184	215	177	3331.1	2363	3.24

*はリーグ最高

のフォークを投げたのは、村山、村田、野茂、佐々木主浩を加えた5人だけだ」と語っているように、村田のフォークは、他の多くの投手が投げるフォークとは違い、一級品の本物のフォークであった。

この伝家の宝刀を手に入れた村田は76年、一躍、20勝投手に名乗りを上げる。最多勝こそ山田久志（阪急）の26勝に譲ったものの、46試合、投球回257回1／3（18完投）、21勝（リーグ2位）11敗4セーブ、202奪三振（リーグ1位）、防御率1・82（リーグ1位）の成績を収める。

これは、村田のキャリアハイのシーズンとなった。当時シーズン130試合制だったので、「規定投球回数」は試合数と同じ130回である。つまり、この年、村田はその倍を投げたことになる。

鈴木啓示（近鉄）、山田久志（阪急）、東尾修（太平洋）、高橋直樹（日本ハム）、山内新一（南海）らとともに、同時代の「パ・リーグ6大エース」となったのだった。

村田の代名詞「マサカリ投法」。1981年5月9日、対南海戦

◎トミー・ジョン手術によって復活を遂げた先駆者

76年に21勝を挙げ超一流の仲間入りをした村田は、81年、19勝8敗、防御率2・96で最多勝のタイトルに輝く。フォークを習得してからの6年間で、なんと合計97勝（合計98完投）を挙げた。

しかし、32歳となった82年5月17日の近鉄戦、ついに右ヒジを故障してしまう。選手生命が絶望視される「靭帯《じんたい》損傷」だった。

この致命的なケガにも、村田は決してあきらめなかった。現役復帰を目指し、さまざまな専門家を訪ね、治療を試みる。いいと聞けば、民間療法にも頼った。酒を患部に擦り込むマッサージを試したこともある。山籠りをして滝行や座禅も組んだ。中国鍼も打った。そこまでするのは、なんとしてももう一度、マウンドに立ちたいという思いが強かったからだ。

翌83年もヒジの症状が一向に改善されないなか渡米、スポーツ医学の権威であるフランク・ジョーブ博士の診断を受けることになる。これが転機となった。ジョーブ博士の執刀のもと、当時、日本では画期的だったトミー・ジョン手術を受けることを決意したのだ。左腕の腱《けん》を、右ヒジに移植する手術だ。

現在でこそ田中将大や大谷翔平らが受けたことで、ヒジの手術は球界に浸透しているが、当時日本では、投手が腕にメスを入れることはタブー視されていた。そのタブーに、第一線で活躍している日本人プロ野球選手として初めて挑戦したのが村田だった。

術後のリハビリも当時は、本当に治るのかという不安と隣り合わせのなかで取り組むしかなかった。

手首とヒジの間の筋肉を鍛えるリハビリは、台所用のスポンジを握ることから始めた。筋力がつくにしたがって、スポンジからテニスボール、軟球、硬球へと段階的に進んだ。

ようやくできるようになったキャッチボールも、最初は10メートルがやっと。次第に距離を伸ばしていき、手術から９ヵ月後に、やっと30球投げられるようになり、先発投手の目安である１００球が投げられるようになるには、さらに1年を要した。

また、焦りや不安を振り払うように、朝４時からランニング、水泳やウエートトレーニングにも取り組んだ。

こうした約2年間の忍耐強いリハビリが報われ、マウンドへの「復帰」がかなったのは、84年シーズン終盤であった。この年は、5試合で1先発、9投球回だけに終わり、本格復帰は翌85年シーズンに持ち越されることとなった。

85年4月14日、広岡達朗監督率いる西武戦で、村田は完全復活を遂げる。ジョーブ博士は、投球数100球までという球数制限を指示しており、稲尾和久監督も試合終盤、交代を命じた。

しかし村田はそれを拒否し、続投を申し出てこの試合をそのまま投げ切ってしまう。9回155球、2失点完投で、実に1073日ぶりの勝利を挙げたのだった。

この年の村田は、ヒジの具合を考慮して中6日登板を続けながら、なんと開幕から実に11連勝を挙げる。常に日曜日に登板することから「サンデー兆治」と呼ばれた。結局、シーズン17勝5敗で、「カムバック賞」を受賞したのだった。

その後村田は、引退する90年まで、10勝前後をコンスタントに挙げる活躍を続ける。

◎リリーフ転向していたら、まだまだ活躍できた

プロ22年目の89年、元号が「平成」となったこの年、村田は22試合で７勝９敗０セーブ、防御率２・50の好成績を挙げる。なんと、39歳にして最優秀防御率のタイトルを獲得したのだった。投球回は１７９回２／３で、完投は驚くなかれ16を数えた。

しかし翌90年、この年を最後に、突如として村田は野球人生の幕を引くことになる。プロ最終年となった90年は、26試合、１１５回２／３を投げ、10勝８敗２セーブ、防御率４・51だった。最多勝のタイトルは渡辺久信（西武）と新人・野茂英雄（近鉄）が18勝でわけ合った。次点は星野伸之（オリックス）の14勝だ。

特筆すべきは、現役最終年においても、２ケタ勝利を挙げていることだ。それもこの年、村田はすでに40歳となっており、40代の２ケタ勝利は、49年の若林忠志（大阪）以来の史上２人目の快挙だった。

その後も、「40代２ケタ勝利」は、04年・05年工藤公康（巨人）、06年・08年山本

昌（中日）、08年下柳剛（阪神）、15年・16年黒田博樹（広島）の4人しか達成していない偉業である。

これだけの成績を収めながらも、村田は潔く現役引退を決断する。82年に右ヒジを痛めたときは、さまざまな民間療法も含めた治療法を模索し、現役に強くこだわったのとは対照的な引き際であった。そこには村田の「先発完投」への強いプライドがあったのかもしれない。

座右の銘は「人生先発完投」であり、それこそが村田の美学だったのだ。通算完投数184は、全登板604のなんと30・5パーセントにものぼる。

ケガから復活した85年以降の5年間、登板した110試合はすべて先発だった。しかし、90年は7試合にリリーフ登板もした。この年の完投数は、前年の16試合から4試合に激減してしまった。このことが村田を引退へと決断させたに違いない。

村田がマークした通算148暴投は日本記録であり、シーズン2ケタ暴投は8度記録している。ある意味、これはフォーク投手の勲章とも言えるが、それまでは11～12個だった暴投が、90年は過去最多の17個まで増えている。フォークの精度が落ちていたのを、自らも敏感に感じ取っていたに違いない。

引退試合は90年10月13日の西武戦、雨の川崎球場だった。依然として１４５キロ近いストレート、フォークを投じ、試合は降雨５回コールドながら散発４安打完封で、村田らしい「完投勝ち」で締めくくっている。

プロ23年目、それも現役最終試合であるにもかかわらず、１４５キロ近いストレートを投げていることに驚かされる。翌年もプレーを続けていたら、「40代連続２ケタ勝利」も可能だったかもしれない。少なくとも、リリーフであれば十分、通用していただろう。

引退して16年が経った06年、イベントでヤクルトの古田敦也プレーイングマネージャー（当時）と勝負する場面があった。そのときも、57歳ながら１４０キロのストレートと落差20センチのフォークボールを投じて周囲の度肝を抜いていた。

「１イニングならいまでも通用します。ウチのチームにほしいです」と語りかける古田に、「自分は先発しかやらない」と村田は断っている。イベントを盛り上げるうえでの話という点を割り引いたとしても、村田の投球はかなりのレベルの高さだったことは間違いない。

リリーフ転向すれば、140キロ以上のストレートと落差のあるフォークを武器に、あと数年活躍したかもしれない。しかし、先発にこだわる村田の美学は、決してそれを許さなかったのだろう。

〈村田兆治プロフィール〉

1949年～2022年。広島県出身。181センチ、78キロ。右投げ右打ち。福山電波工高→東京・ロッテ（68年～90年）。通算23年、604試合、215勝177敗33セーブ、防御率3・24。最多勝1回、最優秀防御率3回、最多奪三振4回、最多セーブ1回、ベストナイン1回、77年後期MVP、81年前期MVP。球宴出場13回。カムバック賞。

★現役最終年（90年）成績＝26試合（115回2／3）、10勝8敗2セーブ、防御率4・51。

大偉業まであと1本塁打、長打力健在のまま去っていった強打者
……大杉勝男

◎大打者を育てたコーチの名言「月に向かって打て!」

セ・パ両リーグで本塁打を量産し、現役最終年においても21本塁打を記録しながら、その年限りで潔くバットを置いたのが大杉勝男だ。両リーグでの200号本塁打という大偉業の達成まで、あと1本と迫るなかでの引退決断に、多くのファンがその別れを惜しんだ。

大杉は岡山の関西高校卒業後、社会人野球に進み、その後、東映の入団テストを受けた。「赤バット」の川上哲治、「青バット」の大下弘と並び称された「物干し竿バット」の藤村富美男コーチの強い推薦を受けて1965年にプロ入りした。

大杉はプロ1年目、65年から積極的に起用されるが、1本塁打、打率・192に終わる。翌66年も8本塁打、打率・269であった。

そして3年目の67年、飯島滋弥コーチの指導を受けて才能が開花しはじめる。春先から本塁打を量産し、5月の時点で両リーグトップの13本を打つ。しかし、この年は三振も多く、リーグ最多の107三振を喫している。シーズン後半にはバッティングフォームを崩し、大杉は悩んでいた。そんなときである。野球ファンなら一度は聞いたことのある、あの名セリフが生まれた。

9月6日の試合、後楽園球場レフトスタンドの少し上（25度くらいの角度）には中秋の名月が浮かんでいた。一塁コーチャーズボックスにいた飯島コーチは、大杉に声をかけ、指差した。

「あの月に向かって打て！」

この名セリフは、楽曲や漫画などさまざまな作品にも影響を与えることとなり、多くの野球ファンの記憶に刻まれることとなった。

しかし、「月に向かって打て」と言った飯島コーチの真意とは、どのようなものだったのだろうか。しばしば、「打撃不振で弱気になっている大杉に、豪快に振っていけと伝えたかったのだ」と解釈されることもあるが、実際は違う。「月に向かって打て」とは、大杉の極度のアッパースイングを修正するためのアドバイスだったのだ。25度の角度に出ている月を意識して、「アッパーよりも、水平に近いスイングで打て」ということであった。

昨今流行りの「フライボール革命」理論では、打球速度が時速１５８キロ以上、打球角度が26度〜30度で上がった打球がもっとも本塁打やヒットになりやすいとされる。つまり、飯島の言葉は理にかなっていたわけだ。

この言葉がロマンチストの大杉の琴線に触れ、67年は27本塁打を放ち、81打点、打率・２９１の大飛躍を遂げ、レギュラーに定着する。初出場したオールスターでは、第３戦、セ・リーグ新人の江夏豊（阪神）から満塁本塁打を放ちＭＶＰを獲得している。

70年には、本塁打44本、打点１２９、打率・３３９の好成績で一躍、トップ選手の仲間入り。本塁打王と打点王の二冠を獲得し、打率も張本勲に次ぐリーグ２位で、あと少しで三冠王という大活躍だった。本塁打と打点の初タイトル獲得は、この年の8月に急逝した恩師・飯島コーチへのはなむけとなった。

大杉は、この年から3年連続で40本塁打を記録して、野村克也（南海）、長池徳二（阪急）、土井正博（近鉄）らとタイトル争いを演じた。

◎千両役者・大杉の記憶に残る日本シリーズ名場面

東映は73年に日拓、74年から日本ハムと親会社が代わり、球団はこれまでの「東映カラー」の払拭を目指し、主力選手を次々とトレードで放出した。大下剛史を広島へ、白仁天を太平洋へ、張本勲を巨人へ、そして大杉も例外ではなかった。

75年、大杉は小田義人、内田順三との2対1の交換トレードでヤクルトに移籍する。

ヤクルト移籍初年度の75年、大杉は不振に終わる。打率・237、13本塁打と精彩を欠いた。かつて王貞治に打撃指導をした荒川博監督のダウンスイングが合わなかった。やはり大杉は「月に向かって」打たないとダメだったのだろう。広岡達朗が監督に就任した翌76年は、本塁打29本、打点93、打率・300と復調しはじめる。

78年は、4番打者として打率・327、30本塁打、97打点をマーク。この年、ヤクルトは球団創設29年目にして、初のリーグ優勝、日本一に輝く。4番の大杉をはさみ、3番「小さな大打者」若松勉、5番「赤鬼」チャーリー・マニエルで強力クリーンアップを構成した。

阪急との日本シリーズ第7戦では、球史に残る名場面を大杉が演じる。ヤクルト1対0とリードの6回裏、大杉は足立光宏からレフトポール際に大飛球を放つ。打った直後、大杉はバッターボックスを少し出て、三塁線上で打球の行方を見守った。レフト外審・富沢宏哉が右手をグルグル回しホームランの判定。大杉はダイヤモンドを一周して、2対0となった。

しかし、阪急の上田利治監督が、ファウルではないかと抗議に飛び出した。

審判・富沢は「打球はレフトポールの上を通過した」と主張し、上田監督は「打球はレフトポールのファウル側を通過した」と言って譲らない。この猛抗議で、試合中断はなんと1時間19分にも及んだ。

大杉勝男 年度別打撃成績

年度	球団	試合	打席	安打	本塁打	打点	打率
1965	東映	60	113	20	1	13	.192
1966		101	203	50	8	28	.269
1967		*134	*552	143	27	81	.291
1968		133	536	114	34	89	.239
1969		*130	548	141	36	99	.285
1970		*130	556	167	*44	*129	.339
1971		*130	*562	*154	*41	104	.315
1972		*130	559	145	40	*101	.295
1973	日拓	*130	548	129	34	85	.270
1974	日本ハム	*130	521	108	22	90	.234
1975	ヤクルト	115	431	92	13	54	.237
1976		121	466	127	29	93	.300
1977		123	505	149	31	104	.329
1978		125	516	151	30	97	.327
1979		118	456	100	17	68	.242
1980		118	460	128	21	82	.301
1981		120	453	142	20	78	.343
1982		88	324	84	17	59	.282
1983		99	349	84	21	53	.261
通算：19年		2235	8658	2228	486	1507	.287

*はリーグ最高

結局、判定は覆らず、試合が再開する。しかしここでまた、大杉がとてつもないことをやってのける。回ってきた次打席で、山田久志から「打ち直し」と言わんばかりの正真正銘の本塁打をレフトスタンドに叩き込んだのだ。これで、ブーイングをする阪急ファンを一気に黙らせた。

三塁ベースを回ったあと、飛行機のように両手を広げて満面の笑みでホームインする大杉。1本目は別にしても、名投手・山田から打ち直すのだからすごいものだと、当時中学生だった筆者もテレビ中継を見ながら感動したのを覚えている。

大杉は試合後、「今度こそ文句のつけようのないヤツを打ってやろうと狙っていました」と胸を張って言った。

大杉自身、プロ14年目にして初めての日本一であり、日本シリーズMVPにも輝いた。

◎アベレージヒッターに転身し、36歳にして打率キャリアハイ

翌79年から、大杉の自慢の長打力にかげりが見えはじめる。この年から引退する

83年まで、本塁打は20本前後のシーズンが続く。

しかし、それでも打率は3割を2度マークする。パワーヒッターからアベレージヒッターへの転身を成し遂げ、巧打者として新境地を開拓した。プロ17年目の81年には、36歳にしてキャリアハイとなる打率・343をマーク。これはリーグ3位の打率であった。この年、首位打者は打率・358の藤田平（阪神）、2位は・357の篠塚利夫（巨人）だ。

現役最終年の83年は、99試合、84安打、打率・261、21本塁打、53打点だった。21本塁打もさることながら、本塁打が84安打中、4分の1の21本もあった。ツボに来たらひと振りで仕留める長打力はまだ健在であった。シーズン127安打中、約4分の1の31本塁打を放った23年の村上宗隆（ヤクルト）並みである。

これほどの成績をまだ維持していたにもかかわらず、大杉は持病の不整脈を理由に、この年限りでユニフォームを脱ぐ決断をした。

この時点で、通算2228安打。パ・リーグ通算が1171安打、セ・リーグ通算が1057安打で、「両リーグ1000安打」という当時、史上初となる快挙を達成していた。

大杉の引退試合は、84年3月24日、巨人とのオープン戦となった。大杉が打席に入ると、王監督をはじめ、ダグアウトの巨人ナイン全員がスタンディングオベーションで拍手を送った。結果は三塁ゴロ併殺打。

試合終了後の引退セレモニーで大杉は、観客に向けて、いかにもロマンチックな彼らしいスピーチをする。

「最後にわがままなお願いですが、あと1本と迫っておりました両リーグ２００号本塁打。この1本を、ファンの皆様の夢の中で打たせていただければ、これにすぐる喜びはありません」

引退時点で、大杉は通算４８６本塁打を記録しているが、パ・リーグで通算２８７本塁打、セ・リーグで１９９本塁打であったのだ。大記録まであと1本と迫っているのに、潔く辞めていくところがまた大杉らしいとも言えるだろう。

◎ほんの少し引退を待っていたら、チーム事情はまったく違った

さて、大杉は現役引退当時、「不整脈」をその理由にしたが、本当は医師からは現役続行のお墨つきをもらっていたという。実際は80年から就任した武上四郎監督との確執が原因だったことを自著で語っている。

82年、83年と2年連続、チームは最下位に転落。低迷を選手の責任であるかのような言動をする武上監督に、ついていけないものを感じていたようだ。慰留されると思ってトレード志願をしたものの、実際は慰留されなかったということもあったようだ。

ヤクルトにおいて外様の大杉は、球団待望の「生え抜き監督」の武上に気を使っていたのだろう。大杉は現役ユニフォームを脱ぐ決断をする。

しかし、運命とはわからないものだ。武上監督がチームの不振を理由に84年4月26日に辞任する。感動的な大杉の引退セレモニーからわずか1ヵ月後のことだった。

もう少し我慢すれば、翌年は大杉も心機一転プレーできたのに、と思うと残念でならない。区切りとなるプロ20年目、しかも記録達成まであと1本塁打というだけ

に、もう1年だけでもプレーが見たかったと思わせる選手である。

ちなみにその後、「両リーグ1000安打」は落合博満と和田一浩しか達成していない。そして、大杉があと1本のところまで迫った「両リーグ200本塁打」の達成者は、落合ただ1人だ。


（大杉勝男プロフィール）

1945年～92年、岡山県出身。181センチ、88キロ。右投げ右打ち。関西高→丸井→東映（現・日本ハム）＝65年～74年）→ヤクルト（75年～83年）。通算19年、2235試合、2228安打、打率・287、486本塁打、1507打点。本塁打王2回、打点王2回、ベストナイン5回、ダイヤモンドグラブ（現・ゴールデングラブ賞）賞1回、球宴選出9回。
★現役最終年度（83年）成績＝99試合、84安打、打率・261、21本塁打、53打点。

あのとき引退しなければ、250勝はしていた「幻の大投手」

……池永正明

◎「もったいない」と同僚選手にさえ、引退が惜しまれた名投手

本書では、すばらしい成績を収めながらも引退を決断した選手たちをここまで取り上げてきたが、この項で取り上げる選手は、少し意味合いが違う。

引退を自ら決断したのではなく、球界から追放されることで引退せざるを得なくなった選手である。そのため、その「引き際」に独自の野球観や美学が反映されているわけではない。

しかしそのような選手たちのなかにも、「このまま引退していくのはもったいない」と多くのファンはもちろん、同僚のプロ野球選手たちにさえ惜しまれた者がい

た。ここでは番外編として、池永正明（西鉄）を取り上げたい。

池永は下関商業高校の投手として、2年春のセンバツ甲子園で優勝する。2年夏の甲子園では準優勝、3年春も甲子園の土を踏んでおり、プロ球団の注目を集め、複数球団争奪戦の末に、1965年、西鉄に入団する。

衣笠祥雄（広島）や山崎裕之（ロッテ）とは、高校からプロ入りした同期である。契約金は同期の山崎と同じ推定5000万円と破格で、これが「契約金高騰防止」を目的としたドラフト制度導入の契機となったといわれている。

西鉄の同期入団にはほかに、高3春のセンバツ甲子園で優勝した徳島の海南高校のエース、尾崎将司がいたが、「池永のようなすごいヤツがいるのでは、俺がプロ野球の投手でメシを食うのは難しい」と感じて、投手をあきらめたといわれている。ご存じの通り、尾崎はのちにジャンボ尾崎の別名で知られるプロゴルファーとなっている。

池永は、全身バネのような高い身体能力の持ち主で、ワインドアップモーションのとき少しかかとを上げる「ヒールアップ」投法で反動をつけた。ストレートの速

池永正明 年度別投手成績

年度	球団	登板	完投	勝利	敗戦	勝率	投球回	奪三振	防御率
1965	西鉄	47	14	20	10	.667	253.2	156	2.27
1966		47	13	15	14	.517	267.2	139	2.18
1967		54	*19	*23	14	.622	*335.1	203	2.31
1968		47	22	23	13	.639	305.0	161	2.45
1969		34	21	18	11	.621	263.1	105	2.57
1970		9	3	4	3	.571	52.1	29	2.60
通算：6年		238	92	103	65	.613	1477.1	793	2.36

＊はリーグ最高

さはもちろんだが、クレバーな投球が目を引いた。緩急で前後の奥行きを使い、内外角の左右に巧みに投げ分けた。特にスライダーがよかった。

消極的に変化球で「打たせて取る」というより、変化球で「打ち取る」という強い意思が伝わる投球だったと、バッテリーを組んだ捕手の村上公康は語っている。

また、バッティングにも目を見張るものがあり、通算13本塁打を放っている。打順6番に起用されたこともあり、当時の選手兼任監督だった中西太は、「池永が20勝は確実にするから投手をやらせているが、15勝クラスの投手なら打者に転向させる」と言うくらい、

1969年、対東映戦で力投する池永

打撃技術を評価していた。

池永の高卒プロ1年目である65年は、シーズン途中から先発を任され、20勝10敗、防御率2・27の成績を収め、新人王を受賞。早くも西鉄のエースとして活躍しはじめる。

翌66年はリーグ最多の36試合に先発し、15勝14敗、防御率2・18。67年は54試合登板で、

23勝14敗。最多勝のタイトルを獲得した。68年も47試合登板、23勝13敗。69年は34試合登板、18勝11敗と安定した活躍を続け、新人から5年続けてオールスターゲームに出場、名実ともに日本を代表する投手に上り詰めた。

しかし、プロ入り6年目、70年が池永の最終シーズンとなってしまう。池永が球界を去ることになる「黒い霧事件」が、69年のシーズンが終わったころからメディアを騒がせはじめるのだ。

◎黒い霧事件による無念の永久追放処分

「黒い霧事件」とは、69年から71年にかけて発覚したプロ野球選手が関与した八百長事件のことである。簡単に言えば、暴力団関係者から、試合にわざと負けるよう依頼され、金銭を受け取った数人の選手が発覚したり、実際に、試合で八百長をしていたと告白した選手が明らかになった事件である。

日本野球機構は、この事件を重く見て、関与したとされる選手たちに「永久出場停止（追放）」などの厳しい処分を下したのだった。

まず西鉄の永易将之が球団上層部から八百長行為の疑惑を抱かれ、球団はシーズン終了後に永易を解雇することを決定した。さらに、「永易以外に疑わしい選手が複数存在する」と、事件は拡大していった。そのなかに池永や西鉄から中日に移籍していた田中勉らの名前があったのだ。

田中は八百長で得た報酬の100万円を池永に預かるよう依頼し、池永は先輩の頼みを断れずにいったんは預かったが、返済しなかったことが問題視された。

最終的に多くの選手が処分されたが、西鉄の選手で言えば、永易将之投手が敗退行為（わざと負ける行為）の実行で永久追放処分。与田順欣投手、益田昭雄投手が敗退行為の実行と勧誘で永久追放処分。そして、池永は敗退行為の実行までは認定されなかったが、敗退行為の依頼を受け現金を受理したことで永久追放処分となった。

「接待をされ、（八百長を）誘われたのは事実だが、俺は絶対やっていない！」と主張し続けていた池永にとっては、とても厳しい処分の決定だった。当時の新聞にも「永久追放に泣き叫ぶ悲痛な池永」の見出しがある。

敗退行為の実行と勧誘をして永久追放となった与田と益田でさえ、涙ながらに池永の処分の再考を訴えた。

「池永のような好投手はもう出てこない。自分たちと同じ処分では球界の損失だ」と主張したが、処分は変わらなかった。

当時のコミッショナー委員会が永久追放の決断をした理由は、「池永には八百長の誘いを拒否する明確な意思表示がなかった」という点だった。

◎翌年もプレーしていたら15勝以上はしていた

日本では「スポーツ振興くじ」の「BIG」や「toto」が販売されて久しいが、野球に導入されないのは、野球の勝敗や失点は、投手によって大きく左右するからだ。極端な話、八百長をやろうと思えば、投手が「調子が悪かった」という理由で四死球を出せるし、試合の勝敗を決定づけることも可能になってくる。

実際、「黒い霧事件」で八百長を持ちかけられ、永久追放された9人は全員が投手だった。西鉄は主力投手の多くが永久追放処分となったことで、チーム力は著しく低下。観客動員もままならず、球団経営が立ち行かなくなり、「福岡野球株式会社」に球団譲渡がなされることになる。

その後、ネーミングライツが移動することで、73年「太平洋クラブ」、77年「クラウンライター」と看板をつけ替えながら、69年から10年間で5度最下位という暗黒時代を過ごすことになるのだった。

池永の現役最終年となった70年シーズンは、5月に追放処分を受けたため、9試合登板、4勝3敗に終わっている。しかしその前年、69年は鈴木啓示（近鉄）の24勝、成田文男（ロッテ）の22勝に次ぐ18勝のリーグ3位タイ。防御率は2・57でリーグ7位であった。

このような事件がなく、1年間プレーしていたとしたら、70年も15勝以上はしていただろう。

プロ入り5年間で通算99勝62敗の成績だったので、単純計算で10年で２００勝の大台にのせていたかもしれない。後年、張本勲も、黒い霧事件がなければ、池永は

250勝はしていたと評価している。

池永が球界を追放されたあと、その永久追放処分の取り消しを求める地元ファンや元プロ野球選手、著名人たちによる運動が徐々に起こりはじめる。そしてその動きは、21世紀に入ってさらに広がっていった。

その結果、2001年、プロ野球OBで試合をするマスターズリーグ「福岡ドンタクズ」監督の稲尾和久の要請で55歳になる池永がマスターズリーグの試合に出場することになる。一般社会にも「時効」がある。もう、処分を取り消してもいいのではないかという風潮は社会に広がっていった。31年ぶりにマウンドに立った池永は、とびきりの笑顔だった。

そして05年、ついにオーナー会議で池永の永久追放の処分が解除され、4月25日に復権を果たしたのだった。事件から実に35年の歳月が流れていた。

もし、このような事件がなければ、池永は通算200勝以上の大投手として、別の野球人生を歩んでいたのかもしれない。復権して17年後の22年、池永は76歳で永眠したが、現在でも池永を球史に残る名投手と評価するプロ野球関係者は多い。

（池永正明プロフィール）

１９４６年〜２０２２年、山口県出身。１７５センチ、77キロ。右投げ右打ち。下関商高→西鉄（65年〜70年）。通算6年、２３８試合、１０３勝65敗、防御率２・36。最多勝１回、新人王、球宴出場５回。

★現役最終年度（70年）の成績＝９試合（52回１／３）、４勝３敗、防御率２・60。

8年連続2ケタ勝利、31歳の若さで突然の引退宣言

……小林繁

◎巨人のエースとして長嶋監督のV1、V2に貢献

主力投手として、8年連続の2ケタ勝利を継続中でありながら、突如、現役引退を表明し、惜しまれながらユニフォームを脱いだのが小林繁（阪神）である。

小林の選手生活は、江川卓の「空白の一日」事件の影響から、引退するまで逃れることのできないものだった。

小林は鳥取県の由良育英高校時代、1年先輩のオーバースロー投手に対抗するため、サイドスローに転向した。

現在のプロ野球界には185センチ90キロの体躯《たいく》の投手がゴロゴロいるが、小林

はプロ入りしてからも178センチ68キロの痩身《そうしん》で、決して恵まれた体格ではなかった。

しかし、細身ではあっても、並外れたバネの持ち主であり、阪神時代の同僚だった江本孟紀は、「針金を束にして鋼《はがね》にし、その鋼を束にしたような筋肉だった」と評している。

高校を卒業した小林は、社会人野球の全大丸を経て、1971年ドラフト6位で巨人に指名される。翌72年は都市対抗野球に出場し、会社に恩返しを果たしたのち、73年から巨人のユニフォームをまとった。

73年はV9の最終年であり、この年、0勝0敗ではあったが小林は6試合に登板した「V9戦士」である。

プロ2年目の74年は、8勝を挙げて早くも頭角を現した。

76年は、18勝8敗、防御率2・99で、勝利数、防御率がリーグ2位となり、長嶋茂雄監督のV1に貢献した。日本シリーズ対阪急戦では、全7試合中6試合に登板し、2勝1敗1セーブの活躍をする。

V2達成の77年も、好成績を維持。18勝8敗、防御率2・92で、惜しくも勝利数、防御率でまたもリーグ2位だったが、沢村賞を受賞する。日本シリーズ対阪急戦でも、全5試合中4試合に登板し、押しも押されもせぬ巨人のエースに上り詰めた。

◎野球人生が大きく変わった「空白の一日」事件

巨人のエースとして前途洋々たる未来が開けた小林だったが、ここで運命のいたずらか、のちの野球人生を大きく変える大事件に巻き込まれる。江川卓の「空白の一日」事件だ。

78年11月21日、前年にクラウンライターから1位指名を受けた江川は、ドラフト会議の前日であるこの日に、巨人と電撃的に契約を交わす。

しかし、野球機構側はこの契約を認めず、ドラフト会議で江川の交渉権は阪神が獲得した。両球団が交渉権を主張するなか、江川がどの球団に入るのか大いに紛糾した。結局、江川がまず阪神と入団契約を交わし、その後、阪神から巨人へトレードされるという案でまとまる。詳しくは、本書第1章の江川卓の項を参照いただきたい。

巨人が江川を阪神からトレードで獲得する代わりに、巨人も阪神側へ見返りの選手をトレードで放出した。その交換要員が誰となるのか、水面下で巨人と阪神の交渉が繰り広げられた。

まず、候補として報道されたのが新浦寿夫だ。26歳の小林より1歳上の新浦は、78年に15勝15セーブを挙げ、２年連続最優秀防御率のタイトルに輝いていた。

そのほかにも、西本聖と角三男（盈男）の両名も噂された。ともに22歳の若手で、角は60試合5勝7セーブ、西本は56試合で４勝。将来を嘱望されていた２人だった。

何人かの移籍候補の名前が取り沙汰されるなか、結局、阪神への移籍が決まったのは、なんと当時、エースとして堀内恒夫と双璧を成していた小林だった。

小林は、76年、77年と連続して18勝８敗の好成績だったが、78年は13勝12敗、防御率４・10と落ち込んでいた。「小林の細身の身体、右ヒジに負担が蓄積している」という球団サイドの判断だったのかもしれない。

キャンプ直前に、球団から阪神への移籍を説得された小林は、数時間悩んだ末に、ようやく移籍を受け入れ、記者会見に臨む。

「犠牲になったという気持ちはありません。あくまでもプロ野球選手ですので、阪神に行ってからの仕事で判断していただきたい。同情は買いたくないということです」と、巨人のエースとしてのプライドをにじませ、きっぱり言い切ったのだった。

◎8シーズン連続2ケタ勝利が継続しているなかでの引退決断

さて、阪神へ移籍した小林のその後だが、筆者は掛布雅之から当時のことを、こんなふうに聞いたことがある。

79年、阪神のミーティングに初参加した際のあいさつで、小林は開口一番、「巨人には伝統があるが、阪神にはない」と言い放ったそうだ。

打者では藤村富美男、吉田義男、田淵幸一、藤田平……、投手では小山正明、村山実、江夏豊らが築いてきた歴史をないがしろにされたようで、小林より3歳下の掛布は憤慨して、「絶対、この人には負けたくない」と心に誓ったという。

事実、掛布はこの79年、48本塁打を放って、初の本塁打王のタイトルを獲得している。

掛布はのちに、そのとき小林が言いたかったのは、巨人と阪神の単なる伝統の有無ではなく、「勝利に対する執着心の差」を指摘していたのではないかと気づいたという。

当時、阪神は64年に優勝したあと、結果的に85年まで優勝できない状況が続いていた。一方で巨人は、65年からV9を達成し、その後も76年、77年と連覇をしており、常勝球団としての勝利への強い思いは、チーム内に受け継がれてきていた。しかし、阪神チーム内にはそういったものが継承されていないということを、小林は指摘したかったのだろう。

移籍してきた小林は、江川の代わりに自分を放出した巨人にだけは絶対負けられない、巨人を見返してやろうという復讐心に燃えていた時期だ。なおさら、当時の阪神の選手たちの勝利への執着心を、淡泊なものに感じたに違いない。

打倒巨人に燃える小林は、その強い思いをバネに、移籍初年度からすばらしい成績を収める。

小林繁　年度別投手成績

年度	球団	登板	完投	勝利	敗戦	勝率	投球回	奪三振	防御率
1973	巨人	6	0	0	0	----	11.1	6	0.00
1974		44	2	8	5	.615	130.1	72	2.42
1975		28	3	5	6	.455	106.1	42	3.31
1976		43	7	18	8	.692	217.1	129	2.99
1977		42	11	18	8	.692	216.1	155	2.92
1978		43	5	13	12	.520	191.1	130	4.10
1979	阪神	37	＊17	＊22	9	.710	＊273.2	200	2.89
1980		37	＊21	15	14	.517	＊280.1	179	3.02
1981		32	17	16	10	.615	230.0	156	3.01
1982		27	4	11	9	.550	163.1	95	3.42
1983		35	9	13	＊14	.481	209.0	109	4.05
通算：11年		374	96	139	95	.594	2029.1	1273	3.18

＊はリーグ最高

79年、36試合に先発し17完投、投球回273回2／3。まさに鬼気迫る投球で「巨人戦8連勝」を記録する。この年、22勝9敗、防御率2・89で、初の最多勝、2度目の沢村賞に輝くのだった。そして、5歳上の江本孟紀に代わり、阪神でもエースの座についた。

しかし、この年の活躍について、小林はのちにこう述懐している。

「あの79年に俺がやったことは野球選手としてほめられた

1979年９月24日、帽子を飛ばす力投で20勝目を完投で飾った小林

ことじゃない。自分のためだけの野球をやっていたから。あんな事件があって、トレードで阪神に移って、悔しくてね。なのにファンもマスコミも俺が巨人に勝つたびに大騒ぎをする。結局、あの年の俺は世間に踊らされていたんだ」

江川の「空白の一日」事件の被害者としてメディアに煽《あお》られ、その過熱報道に巻き込まれていく自分に、小林は違和感を持ちはじめていた。

ただ世間は、巨人への対抗心をむき出しにして活躍する小林を放ってはおかない。阪神ファンはもちろん、アンチ巨人ファンも加わって、多くの人々の注目を集めていった。

そして、移籍2年目の80年8月16日、小林と江川は初めて「直接対決」することとなった。結果は、小林は5回4失点で降板し、江川が3失点完投勝利を挙げた。試合後、小林は「去年は何かがのり移っていた。去年対戦していたら、こっちが勝っていた」とコメントしている。

実際、小林が心底、巨人に対してぶつかっていけたのは79年だけだったのだ。対巨人戦は79年こそ8勝0敗だったが、80年以降の4年間では計5勝15敗と大きく負け越している。

しかし、巨人戦はともかくも、シーズンを通してみると、小林は80年以降もすばらしい活躍を継続していたことは事実だ。

80年が15勝14敗、81年が16勝10敗、82年が11勝9敗である。そして現役最終年となった83年も13勝14敗を記録している。シーズン2ケタ勝利を8年間継続中であった。しかし、小林は、この年限りでの引退を決断するのだった。

◎最終年もリーグ最多先発をこなしていた

小林が引退を決意するきっかけとなった試合があった。それが、83年6月25日の中日戦だ。これまでカモにしていた大島康徳に、内角シュートを本塁打されたのだ。自信をもって投じた球を打たれたことで引退を決意したと、小林はのちに語っている。

しかし、大島はこの年、36本塁打で初めて本塁打王のタイトルを獲得し、のちに通算2000安打を達成した才能あふれる打者だ。大島に打たれたことを、そこまで深刻に受け止める必要はないのではないかと感じるが、江川が小早川毅彦（広島）の本塁打で引退を決意したように、その投手にしかわからない感覚があるのだろう。

かねてから右ヒジ痛に悩まされてきた小林だが、引退する理由はそれだけではなかったようだ。

小林は自身の引退スクープ報道のあと、川藤幸三に血行障害が引退の本当の理由だと打ち明けている。右手の人さし指から薬指まで、投げていくうちに感覚がなくなるのだという。

確かに、ヒジ痛や血行障害もあったのだろう。しかし筆者は、本当の理由は、小林が引退会見で語った以下の点だと考えている。

「江川君とのトレードで移籍した1年目（79年）の野球が最高だった。あの年以来、気力がなくなったと言われても仕方ないと思います。あの1年で僕は燃え尽きたのかも……」

この心理的な点が、本当の引退理由だったに違いない。

小林の現役最終年、1983年のセ・リーグ個人投手成績

順位	選手		防御率	試合	先発	完投	勝利	敗北	投球回	奪三振
1	福間　納	（神）	2.62	69	2	0	6	4	130.2	89
2	遠藤　一彦	（洋）	2.87	36	28	16	18	9	238.1	186
3	川口　和久	（広）	2.92	33	32	14	15	10	218.2	166
4	津田　恒美	（広）	3.07	19	17	9	9	3	132.0	82
5	小松　辰雄	（中）	3.20	35	24	9	7	14	191.1	133
6	梶間　健一	（ヤ）	3.21	43	27	12	14	12	232.2	147
7	江川　卓	（巨）	3.27	33	29	10	16	9	217.2	131
8	鈴木　孝政	（中）	3.65	24	21	4	7	4	130.2	48
9	槙原　寛己	（巨）	3.67	31	25	9	12	9	184.0	124
10	郭　源治	（中）	3.76	32	29	8	10	10	213.1	159
11	山根　和夫	（広）	3.81	34	29	9	10	13	207.2	67
12	西本　聖	（巨）	3.84	32	32	13	15	10	239.1	122
13	野村　収	（神）	3.86	32	30	5	12	11	191.1	85
14	平松　政次	（洋）	3.92	23	22	4	8	8	131.0	83
15	北別府　学	（広）	3.96	33	30	12	12	13	215.2	106
16	小林　繁	（神）	4.05	35	32	9	13	14	209.0	109

あらためて、現役最終年の小林の成績を見てみよう。35試合登板、209投球回、13勝14敗1セーブ、防御率4・05の成績である。13勝は勝利数でリーグ6位、さらに、先発試合数の32試合は、なんとリーグ最多タイである。これだけ投げていて、実績も残しているのに辞めてしまうことに驚かされる。

また、この年まで、8年連続の2ケタ勝利を継続している最中であった。これだけ安定した成績を収め続けるということは至難の業である。

たとえば現在のプロ野球、24年シーズン終了時点で、2ケタ勝利を続けているのは、セ・リーグでは戸郷翔征（巨人）の3年連続、東克樹（DeNA）、床田寛樹（広島）、山﨑伊織（巨人）の2年連続の合計4人だけだ。パ・リーグにいたっては小島和哉（ロッテ）の2年連続が1人だけしかいない。小林がいかに傑出した状態のまま、ユニフォームを脱いでしまったかがわかっていただけるだろう。

小林自身のちに、「肩やヒジも十分ではなかったが、だましだましやれば次のシーズンも10勝はできたかもしれない」と語っている。

筆者も、これだけ安定した成績を継続しているのだから、翌シーズンも10勝以上できた可能性が高いと思う。それだけに、実に惜しい引退だった。

あと2年、現役を続けていれば、85年の阪神日本一の美酒も味わえたことだろう。

しかし小林は、仮に10勝できたとしても、現役にこだわる気持ちにはなれなかったと語っている。「あのトレードから、まわりの評価ばかり気にして、そんな自分が嫌で、疲れて、もう野球から離れたかった」という言葉が小林の本音なのだろう。

通算成績は、374試合、139勝95敗17セーブ、防御率3・18、31歳での引退だった。

小林は06年から、少年野球チーム「オールスター福井」を週5日熱心に指導した。平沼翔太（西武）は教え子だ。チームの監督と居酒屋で安い焼酎を楽しみ、酒の肴《さかな》は巨人の思い出話だったという。

「空白の一日」事件以来ついてまわる「悲劇のヒーロー」というイメージに嫌気が差し、野球に対する情熱を失ったが、本当は「好きな野球をやっている」という感覚がほしかったに違いない。

09年に日本ハム投手コーチに就任したが、翌10年、突然の体調不良で帰らぬ人となった。享年57歳だった。

（小林繁プロフィール）
1952年～2010年、鳥取県出身。178センチ、68キロ。右投げ右打ち。由良育英高→全大丸→巨人（73年～78年）→阪神（79年～83年）。通算11年、374試合、139勝95敗17セーブ、防御率3・18。最多勝1回、沢村賞2回、ベストナイン2回、球宴出場7回。
★現役最終年度（83年）の成績＝35試合（209投球回）、13勝14敗1セーブ、防御率4・05。

前年MVP受賞でも、翌年まさかの引退決断 ……東尾修

◎打たれることで成長していった投手

前年にシーズンMVPを受賞しながらも、翌年、事件に巻き込まれて、突然ユニフォームを脱ぐことになったのが東尾修（西武）だ。「まだ10勝以上はできるのではないか」と惜しまれながらも辞めていった投手のひとりと言える。

東尾は和歌山・箕島高校の3年時に、春のセンバツで甲子園の土を踏む。名門の箕島にとっては、これが甲子園初出場だった。のちに甲子園で4度の優勝を誇る同校の尾藤公監督は、「東尾の年が最強だったが、優勝できなかったのは自分の経験不足のせいだ」と語っている。それだけ、投手で4番を務めた東尾の実力が傑出し

ていたということだ。

その証拠に、東尾は「豊作」といわれた「華の68年ドラフト」においても1位指名される。田淵幸一（阪神）や山本浩二（広島）が指名された年のドラフトだ。当時は予備抽選で指名順を決めてからの選手指名であり、西鉄が東尾を指名したのは12球団中の12番目だった。

プロ入りした東尾だが、1年目の1969年、意外にも早々にプロのレベルの高さにショックを受け、自信を喪失してしまう。6月ころには、「打者に転向させてほしい」と2軍コーチに訴えたという。しかし、1年待ちなさいと指示され、投手を続け、結局この年は、1軍8試合に投げ、0勝2敗に終わる。

しかし、運命とはわからないものだ。2年目の70年、東尾がのちに「自分のターニングポイントになった」というシーズンがやってくる。

日本球界では、69年に「黒い霧事件」が勃発する。これは、暴力団の野球賭博にからみ、複数の選手が八百長を依頼されたり、また、それを実行した事案である。事件の全容が明らかになるにつれて、西鉄の主力投手の関与が相次いで発覚し、プロ野球界から永久追放となった。

本書でも取り上げている池永正明もそのひとりだ。69年に18勝を挙げたエースだったが、70年の４勝を最後に球界から去った。

西鉄では池永以外にも、69年に８勝の益田昭雄、７勝の与田順欣、２勝の永易将之が永久追放となり、実に計35勝分の投手がいなくなったのだ。

チームは深刻な投手不足に陥り、その結果、東尾の登板機会は飛躍的に増えた。多少の実力不足には目をつぶっても、東尾に投げさせざるを得なかったのである。

「俺の１４２、３キロのストレートでは２軍でも通用しない」と考えた東尾は、スライダーが決め球の池永や、当時、コーチ兼任だった稲尾和久に直接手ほどきを受け、スライダーとシュートのコンビネーションを学んでいた。

この年、70年の成績は40試合（31先発、投球回１７３回１／３）、11勝18敗、防御率５・15だった。防御率は悪く、負け数は18も記録した。とにかく投げさせられて、打たれて投球術を覚えていったのである。

◎異様なほど投げまくり、ついにパ・リーグ6大エースに

「黒い霧事件」をきっかけにチームは低迷し、西鉄は福岡野球株式会社に経営譲渡。ネーミングライツの移動で、チーム名は太平洋クラブ、クラウンライターへと変わる。79年には西武に身売りされ、本拠地は福岡から埼玉・所沢に移転。

東尾入団の69年から81年までの13年間で、チームのAクラスは75年の1度だけで、あとはすべて4位〜最下位のBクラスに低迷した。

148頁の年度別投手成績をご覧いただくとわかるが、東尾もこの時期、71年が16敗、72年25敗、75年15敗、77年20敗と、シーズン最多敗戦を4度も記録している。

また、いまから見ると異様なほど投げまくっていたことも、以下の数字から見て取れる。71年の51試合登板、72年の41試合先発、投球回309回2／3、73年の37試合先発、75年の54試合登板、31先発、投球回317回2／3は、すべてその年のリーグ最多である。

現在は「143試合制、単純計算で平均24先発、規定投球回143」である。そしていまでこそ「肩は消耗品」の考えが浸透しているが、当時は希薄だった。東尾

はチーム試合数の１／３強に登板していた。

「９イニング平均７・00奪三振以上」なら奪三振能力が高く、「９イニング平均２・00与四球以内」なら抜群のコントロールと言えるところ、東尾の現役20年間の通算成績は結果的に９イニング平均３・71奪三振、９イニング平均２・43与四球。数字を見るかぎり、失礼ながら並の投手だ。

しかし、それであっても、通算２５１勝を挙げた大投手にまで大成したのは、負けん気といった精神的なタフさと、投げ続けても故障しない身体のタフさを最大限武器にしたからにほかならない。

75年には、23勝15敗で最多勝のタイトルを初めて獲得。同時に、15敗がリーグ最多敗戦というところも東尾らしい。奪三振においても１５４個を記録し、最多奪三振のタイトルも獲得。このシーズン、奪三振２位は１４９個の「速球王」山口高志（阪急）で、投球回は２０３回だった。一方、東尾は投球回３１７回２／３を要して、奪三振１位となっている。奪三振率の低い東尾が、いかに投球回を積み重ねることで三振を積み上げたかがわかる数字だ。

東尾修　年度別投手成績

年度	球団	登板	完投	勝利	敗戦	勝率	投球回	奪三振	防御率
1969	西鉄	8	0	0	2	.000	15.0	11	8.40
1970		40	3	11	18	.379	173.1	94	5.15
1971		＊51	3	8	＊16	.333	221.1	109	3.75
1972		55	13	18	＊25	.419	＊309.2	171	3.66
1973	太平洋	48	14	15	14	.517	257.1	104	3.29
1974		27	7	6	9	.400	123.0	58	3.44
1975		＊54	＊25	＊23	＊15	.605	＊317.2	＊154	2.38
1976		43	15	13	11	.542	243.1	93	3.19
1977	クラウン	42	17	11	＊20	.355	241.2	108	3.87
1978		45	28	23	14	.622	＊303.1	126	2.94
1979	西武	23	10	6	13	.316	155.0	61	4.53
1980		33	18	17	13	.567	235.1	84	3.79
1981		27	11	8	11	.421	181.0	55	3.83
1982		28	11	10	11	.476	183.2	59	3.28
1983		32	11	＊18	9	.667	213.0	72	＊2.92
1984		32	＊20	14	＊14	.500	＊241.1	84	3.32
1985		31	11	17	3	.850	174.1	74	3.30
1986		31	8	12	11	.522	168.1	52	4.22
1987		28	17	15	9	.625	222.2	85	2.59
1988		19	5	6	9	.400	105.2	30	4.85
通算：20年		697	247	251	247	.504	4086.0	1684	3.50

＊はリーグ最高

77年オフには、Ｖ２長嶋茂雄・巨人がさらなる補強のために東尾を獲得しようと触手を伸ばしたことがあった。しかし球団は、「東尾の放出は球団の死を意味する」と拒否した。

ここに至り東尾は、鈴木啓示（近鉄）、山田久志（阪急）、村田兆治（ロッテ）、高橋直樹（日本ハム）、山内新一（南海）らとともに、同時代の「パ・リーグ６大エース」となるのである。

◎広岡監督のもと日本一に輝き、ＭＶＰを受賞

82年、広岡達朗が西武の新監督に就任する。広岡が指揮を執った西武は常勝軍団に変貌を遂げた。広岡野球の別名は、いわゆる「管理野球」だ。

禁酒、肉食禁止、玄米食、菜食主義など、選手の食生活、日常生活に至るまで厳しく管理した。

しかし、東尾や田淵幸一、大田卓司らのベテラン勢は一様に反発した。「苦しい身体づくりのキャンプでの楽しみは夕食くらい。それさえも奪うのか」との思いか

ら、キャンプの夕食時には、ヤカンに冷やしたビールを入れて、こっそり回し飲みしたそうだ。

しかし82年前期、「広岡・西武」はいきなり悲願の初優勝を遂げる。要因は故障者が少なかったこと。実力にまさるベテラン勢が万全な体調で試合に出場し続ければ、必然的に勝利は転がり込んでくる。

当時、前・後期制をとっていたパ・リーグで、後期優勝の日本ハムとのプレーオフも西武は制する。そして、日本シリーズでも中日を下し、初の日本一に輝いた。「いろいろ個人タイトルは獲ったが、あの82年前期優勝が現役生活でいちばん印象に残る」と、引退時のインタビューで、東尾は相好を崩し語っている。

翌83年には、東尾は18勝9敗、防御率2・92で、最多勝と最優秀防御率の二冠を獲得する。さらには、自身初のMVPの栄誉にも浴した。日本シリーズでは藤田元司監督率いる巨人とプロ野球史に残る死闘の末、4勝3敗で下し、日本一2連覇を成し遂げている。

テークバックからフォロースルーまで力みのない投球フォーム。内角シュートで右打者の腰を引かせ、外角スライダーで仕留める。原辰徳ら巨人の主力打者を翻弄し、内野ゴロに打ち取るコンビネーションの投球が光った。

◎日本一死球を与えた「ケンカ投法」

東尾において特筆すべきことのひとつに、与えた死球の多さが挙げられる。通算165与死球であり、これは日本最多記録である。

86年にリチャード・デービス（近鉄）に投じた内角シュートが左ヒジに当たる死球となった際は、デービスはマウンド上の東尾に突進し、左額に右ストレートを2発、3発と浴びせる暴行に発展。だが、このような事態にも、東尾は「マウンドは俺の職場だ」とばかり、逃げなかった。

相手のパンチをもらいながらも、「ここでマウンドを降りたらカッコ悪い」と、6回一死からそのまま意地の完投勝利を収めたのだった。

だが、これを機に、死球が多い東尾に対し、各球団の不満が噴出した。筆者も正直、内角攻めは悪いことではないが、結果として死球を与えてしまったら帽子を取って詫《わ》びるのが筋ではないかと思っている。

しかし東尾は、「なぜ謝らなくてはいけないのか。打者には一塁が与えられるのに」と反論する。まさにこれぞ、東尾の「ケンカ投法」といわれる所以である。

◎40歳までプレーすれば、〝神様〟稲尾の通算276勝を狙えた

広岡監督から森祇晶監督になっても、西武は依然強かった。82年から東尾引退の88年まで、7年間で6度のリーグ制覇、5度の日本一を達成する。

東尾は83年18勝9敗、85年に17勝3敗で23の「貯金」をつくり、「借金」を返済して85年までに通算218勝218敗のタイに戻した。

「最終的に通算251勝（史上10位）247敗。貯金はたったの4と見るのか、あの激動のチーム状況のなかでよく勝ち越したと見るべきか。しかし、マウンドを守り抜いてきたという意味において、やはり尊敬に値する」と江夏豊は語っていた。

プロ19年目、37歳の87年には28試合登板、15勝（リーグ2位タイ）9敗、投球回222回2／3（5位）、防御率2・59（2位）で、2度目のMVPに輝いた。シ

ーズン85奪三振は9イニング平均3・44個でしかないが、29与四球は9イニング平均1・17個と絶妙なコントロールを誇った。これぞ打者を翻弄するベテランの投球である。

しかし、これだけの好成績を収めたにもかかわらず、翌年が東尾の現役最終年となってしまう。その遠因となったのが、麻雀賭博にかかわる事件である。

87年、シーズンオフに東尾は暴力団絡みの麻雀賭博容疑で書類送検されてしまう。球団が調査に乗り出し、東尾自身が暴力団とのかかわりがあるとは認められなかったものの、雀荘でのメンツにたまたま反社会的勢力がいたことを重く見て、球団は東尾に半年間の出場停止処分を下す。

そのため、最終シーズン、88年は6月からの出場となった。その結果、19試合、投球回105回2/3、6勝9敗、防御率4・85と低迷する。出場停止処分の2ヵ月半で、約10試合の先発機会が流れた。この10試合に登板していたら2ケタ勝利に届いていただろう。何しろ前年がMVPである。

しかし、この88年、渡辺久信（23歳）が15勝7敗で「最多勝」、郭泰源（26歳）

が13勝3敗で「最高勝率」、プロ2年目の森山良二（25歳）が10勝9敗で「新人王」、工藤公康（25歳）が10勝10敗。チーム内の新戦力が台頭するなか、新旧交代の機運が整ったと見た東尾は、プロ20年目の区切りで引退を決断する。38歳だった。

野球賭博の「黒い霧事件」をきっかけに世に出た東尾が、麻雀賭博容疑が遠因で現役ユニフォームを脱ぐというのも皮肉だった。

東尾の通算成績は、251勝247敗、防御率3・50。697試合登板、4086投球回である。よくぞ4086回も投げ、肩やヒジを壊さなかったものだ。現役最終年も、出場停止処分により約10試合ほど登板機会が失われたが、もしそれがなければ、例年と同レベルの30試合ほどに登板できただろう。

この年も十分、コンディションが維持されており、その前の年にはMVPも獲っているだけに、急いで引退の決断をすることもなかったのではないかと思えてくる。〝神様〟〝仏様〟とうたわれた西鉄の大先輩、稲尾和久の通算276勝を目指して、願わくば40歳まであと2年やってほしかった。もともとが本格派ではなく技巧派なのだから、年齢による衰えにも対応できたのではないか。2年やれば、稲尾の記録も射程圏内に入っていただろう。

勝負事に「たら、れば」は禁句だが、もしも東尾が翌89年だけでも現役を続けていたら、西武と近鉄が優勝をかけて争った10月12日のダブルヘッダーにおいて、西武に引導を渡したラルフ・ブライアント（近鉄）の４打席連続本塁打はなかったかもしれない。

痛打された渡辺久信、郭泰源に代わり、東尾がリリーフ登板して老練な投球術でブライアントを翻弄していたに違いない。そうであれば、「森・西武」のリーグ９連覇が達成され、広岡時代を含めれば、「川上哲治・巨人」をしのぐ西武10連覇の大偉業達成……。

そんな空想にふけっていると、ますますあと1年だけでも現役ユニフォームを見たかったと思えてくる選手である。

（東尾修プロフィール）

1950年生まれ、和歌山県出身。177センチ、79キロ。右投げ右打ち。箕島高→西鉄（現・西武。69年〜88年）。通算20年、697試合、251勝247敗23セーブ、防御率3・50。最多勝2回、最優秀防御率1回、最多奪三振1回、MVP2回、ベストナイン2回、ゴールデングラブ賞5回、球宴出場10回。日本最多通算165与死球、パ・リーグ最多「シーズン25敗」。

★現役最終年度（88年）の成績＝19試合（105回2／3）、6勝9敗、防御率4・85。

第３章

あのレジェンドが、もう１年プレーしていたら…

防御率リーグ3位でも引退していった名投手

……藤田元司

◎酷使されたことで短くなった選手寿命

2年連続MVP、最多勝1回、最高勝率2回、オールスター出場4回などの輝かしい経歴を持ちながら、たった8年の選手生活で惜しまれながら現役を引退した投手をご存じだろうか。藤田元司（巨人）である。

現役最終年の成績も、ずば抜けたものだった。なんと防御率がリーグ3位である（次頁表参照）。誠に引退するにはもったいない選手であった藤田の偉大さを、この項ではあらためて振り返ってみよう。

藤田は慶応大学の花形エースだった。現役時代は173センチ64キロと、小柄で

藤田の現役最終年、1964年セ・リーグ個人投手成績

順位	選手	防御率	試合	先発	勝利	敗北	完投	投球回	奪三振
1	バッキー　（神）	1.89	46	38	29	9	24	353.1	200
2	城之内　邦雄（巨）	2.23	52	32	18	16	17	262	119
3	藤田　元司（巨）	2.725	41	15	8	11	3	175.1	86
4	秋山　登（洋）	2.734	63	23	21	10	8	259.2	126
5	高橋　重行（洋）	2.76	38	34	17	11	12	214.2	154
6	金田　正一（国）	2.79	44	31	27	12	22	310	231
7	柿本　実（中）	2.85	50	35	15	19	18	277.2	101
8	石川　緑（神）	2.90	36	19	10	3	7	149.1	81
9	稲川　誠（洋）	2.91	55	40	21	13	14	302.2	162
10	大石　清（広）	2.92	51	30	17	15	15	261.2	143

痩身だった。両腕を1度後ろに引いて反動をつけたあとワインドアップモーションに入る。左足を上げると同時に右肩を下げ、力を蓄えて上から投げ下ろす投球フォームは、恵まれない身体を最大限生かすところからきていたのだろう。

慶応大学卒業後は社会人野球の日本石油（現・ＥＮＥＯＳ）に進み、1956年都市対抗野球で初優勝の原動力となり、ＭＶＰの「橋戸賞」を受賞した。

そして57年、巨人に入団した。藤田のプロ入り当時は、日本プロ野球界には「三大監督」と呼ばれる名監督が存在した。三原脩監督（巨人→西鉄→大洋→近鉄→ヤクルト）、水原茂監督（巨人→東映→中日）、鶴岡一人監督（南海）である。

そこに西本幸雄監督（大毎→阪急→近鉄）、川上哲治監督（巨人）があとから加わっていく。

野球という競技は、圧倒的な打撃力で打ち勝ってシーズン優勝するということが難しいスポーツだ。それよりも、投手力を強化するほうが、安定的な戦力となり、優勝する可能性も高い。実際、打撃力偏重で優勝できたチームは、古くは50年の「水爆打線」を擁した松竹や、80年「猛牛打線」の近鉄、近年では、2003年「ダイハード打線」のダイエー、19年「山賊打線」の西武など、数チームほどだろう。

結局、「野球は投手が大事」ということだ。好投手が存在しないと勝てない。そのため、先述した「昔の名監督たち」は、エース級の投手をよく酷使したものだ。その結果、なかには短命で終わる名投手たちがかなりいた。

三原時代の稲尾和久（西鉄）は、61年の42勝を含む8年連続20勝を挙げるも、以後6年間で計42勝しか挙げられなかった。水原時代の堀本律雄（巨人）は入団した60年に69試合364投球回を投げ29勝、最多勝と新人王に輝くが、6年間で現役引退した。

鶴岡時代の杉浦忠（南海）は59年38勝を含む入団7年間で164勝するも、以後6年間で23勝しか挙げていない。

藤田もこれらの名投手たちのように、酷使された結果、選手生命をすり減らした選手だったと言える。

◎現役最終年にもかかわらず防御率はリーグ3位

藤田はプロ入りした57年、26歳から、水原監督のもと3年連続リーグ制覇に貢献する。1年目、57年には60試合登板、17勝13敗で新人王を獲得した。

そして早くも2年目には、巨人のエースとして君臨し圧巻の成績を収める。58年、58試合に登板し、36先発（24完投、359投球回）、29勝13敗、防御率1・53。勝

藤田元司　年度別投手成績

年度	球団	登板	完投	勝利	敗戦	勝率	投球回	奪三振	防御率
1957	巨人	60	4	17	13	.567	235.2	156	2.48
1958		58	＊24	29	13	＊.690	＊359.0	199	1.53
1959		55	＊24	＊27	11	＊.711	330.0	181	1.83
1960		36	4	7	12	.368	141.0	70	3.06
1961		42	3	8	13	.381	141.0	64	2.74
1962		42	6	13	11	.542	199.2	103	2.03
1963		30	2	10	4	.714	119.1	65	2.48
1964		41	3	8	11	.421	175.1	86	2.73
通算：8年		364	70	119	88	.575	1701.0	924	2.20

＊はリーグ最高

率は・６９０と最高勝率で、リーグＭＶＰを受賞する。

続く3年目も藤田の活躍は止まらない。55試合登板、35先発（24完投、３３０投球回）、27勝11敗、防御率１・83。・７１１で最高勝率、最多勝であった。そして、この年もリーグＭＶＰを獲得。

長嶋茂雄が巨人に入団し大活躍した58年と59年において、その長嶋を押しのけ2年連続のＭＶＰを受賞しているという点からも、藤田の収めた成績のすばらしさ、活躍ぶりがうかがえる。

しかし、ここまでの酷使がたたった

1957年2月、ピッチング練習をする藤田

のか、60年には肩を故障してしまう。これにより、この年は7勝12敗に終わる。61年も8勝13敗であったが、62年には復調の兆しを見せ、13勝11敗、63年は10勝4敗の好成績を収めチームに貢献している。

そして、現役最終年となった64年は、41試合、15先発（3完投、175回1／3）、8勝11敗、防御率2・73であった。

勝ち星こそ1ケタへと落ち込んだが、規定投球回をクリアして防御率がリーグ3位というのは、現役最終年の選手とは思えないすばらしい成績だ。この成績からも、藤田が引退をする直前まで、各チームのエース格の投手たちと肩を並べて活躍していたことがうかがえる。

プロ生活通算8年、364試合、投球回1701、119勝88敗であった。

◎サイドスロー投手を育成する名人

63年からコーチ兼任選手となっていた藤田だったが、現役引退後、65年からは1軍投手コーチとして「川上・巨人」のV9を支えることになる。65年は宮田征典をリリーフエース「8時半の男」に仕立て上げ、高橋一三と堀内恒夫を左右のダブルエースに育成した。

指導者としての藤田で特筆すべきなのは、サイドスローやアンダースロー投手の育成に長けていたという点だ。

63年、社会人野球から巨人入りした渡辺秀武は、それまで1軍での実績はほとんどなかったが、66年、藤田の勧めでアンダースローへとフォームを変更する。「腰の回転がサイドスローやアンダースローに適している」という藤田の指摘は的を射ていたのだろう。このフォーム改造によって、70年には20勝投手、ノーヒットノーラン投手となり、巨人V9投手陣の主力へと育った。

ご存じの方も多いと思うが、斎藤雅樹も藤田がサイドスローに転向させた投手のひとりである。89年、90年には2年連続20勝をマーク。11試合連続完投勝利の記録もつくり、「ミスター完投」の異名をとる大投手となった。

筆者が斎藤を取材したときも、「藤田監督は私に『ちょっと腕を下げてごらん』とだけアドバイスをくれました。腰の回転を見る目利きだったんですね」と述懐していた。

これ以外にも、藤田が臨時コーチとして東海大時代にサイドスロー転向を勧めた酒井勉（オリックス）も、89年パ・リーグ新人王に輝いている。

藤田が残した巨人の「監督」としての実績もまた、すばらしいものだった。81年から83年と、89年から92年の2度、巨人の監督に就任している。

この間、通算7シーズン中、4度のリーグ優勝、2度の日本一となっている。監督在任期間で、516勝361敗、勝率・588は立派な数字だ。

◎まだまだできた実働たった8年での引退

さて、藤田が引退した64年は、阪神が優勝し、王貞治がシーズン55本塁打の日本記録を樹立した年だった。

冒頭で挙げた、その年のセ・リーグ投手成績（159頁）を見てみよう。阪神に次ぐ2位となったのは大洋で、防御率十傑のなかに、3人も大洋の投手が名を連ねている。

現役最終年だった藤田（33歳）はこの年、8勝11敗、防御率2・73、投球回175回1／3であり、防御率は前述の通りリーグ3位とすばらしい成績である。

しかし勝利数が2年連続2ケタから1ケタに終わり、完投もわずか3であった。このあたりが藤田に引退を決断させた要因かもしれない。

当時は「先発完投」が当たり前の時代で、エース格は「20勝」、「投球回200以上」、「2ケタ完投」が普通だった。そのため、他チームの主力はほぼ年間30試合以上先発していたのに対し、藤田はこの年、半分の15試合しか先発していなかった。

このような状況に甘んじて現役を続けることは、エースナンバー18のプライドが許さなかったのだろう。もちろんそこには、チームの若返りのためという巨人軍への愛情があったはずだ。

ただ、現在、2024年のプロ野球界を見渡せば、藤田の投球回数である年間175回は、各チームのエース級のそれと比べて決して少なくはない。次頁に示した24年のセ・リーグ個人投手成績をご覧いただきたい。投球回175を超えるのは東と戸郷の2人だけだ。完投数3も、多いほうである。

2024年セ・リーグ個人投手成績

順位	選手		防御率	試合	勝利	敗北	完投	投球回	奪三振
1	髙橋　宏斗	(中)	1.38	21	12	4	1	143.2	130
2	菅野　智之	(巨)	1.67	24	15	3	3	156.2	111
3	才木　浩人	(神)	1.83	25	13	3	4	167.2	137
4	大瀬良　大地	(広)	1.86	25	6	6	2	155	98
5	戸郷　翔征	(巨)	1.95	26	12	8	4	180	156
6	東　克樹	(デ)	2.16	26	13	4	2	183	140
7	床田　寛樹	(広)	2.48	26	11	9	0	167	95
8	森下　暢仁	(広)	2.55	23	10	10	2	151.2	98
9	村上　頌樹	(神)	2.58	25	7	11	2	153.2	130
10	大竹　耕太郎	(神)	2.80	24	11	7	0	144.2	91

つまり藤田が現役最終年に残した成績は、現在であれば、翌年もう1年プレーしていてもなんら不思議ではない数字だった。もし、翌65年も藤田が現役ユニフォームを着ていたらどうだったろうか。

肩を痛めていただけに、やはり2ケタ勝利は難しかったかもしれない。しかしベテランの投球術によって、防御率は立派な数字を維持していたに違いない。

藤田の最終年の防御率2・73は、24年のセ・リーグ個人投手成績と照らし合わせても、大竹耕太郎（阪神）の2・80と同等である。簡単に比較はできないが、防御率1点台が5人もいて投手優位といわれる現在のプロ野球界においてさえ、リーグ10位レベルに相当する。

その点からも藤田は、引退するには実にもったいない選手のひとりであると言うことができるだろう。

（藤田元司プロフィール）

1931年〜2006年。愛媛県出身。173センチ、64キロ。右投げ右打ち。西条北高→慶応大→日本石油→巨人（57年〜64年）。通算8年、364試合、119勝88敗、防御率2・20。最多勝1回、最高勝率2回、MVP2回、新人王、ベストナイン1回、球宴出場4回。2年連続投手MVPはセ・リーグ記録。

★現役最終年度（64年）成績＝41試合（175回1／3）、8勝11敗、防御率2・73。

「あのケガがなかったら…」と思わせる00年代最速選手

……赤星憲広

◎プロ1年目から5年連続で盗塁王を獲得

まだ活躍が期待されていたのに、ケガによってその現役生活が突然、途切れてしまう選手たちもいる。

赤星憲広（阪神）は、新人から5年連続で盗塁王のタイトルに輝き、その後も順調に盗塁数を積み上げてきた。しかし、試合中の大ケガにより、突如、グラウンドから去ることとなってしまった。まだ33歳、これからどこまで記録を伸ばすのか期待されていただけに、「あのケガさえなければ」と多くのファンがいまだに惜しむ選手である。

赤星は社会人野球のJR東日本時代、シドニー五輪の強化指定選手として、野村克也が監督を務めていた阪神の2000年春季キャンプに参加した。

当時、阪神でもっとも俊足だった高波文一外野手と50メートル競走をしたが、高波は赤星にまったく歯が立たなかった。このシーンは、野村監督の脳裏に鮮明に刻まれることになる。

そして、00年のシドニー五輪後のドラフト会議がやってくる。赤星について、打撃は非力で身体も小さく、足だけの選手であると否定的な評価をするスカウトに対し、野村監督は、「同点の9回、サヨナラの走者が出たら代走で使う。下位指名でいいから獲ってくれ」と要請。

その結果、赤星はドラフト4位で阪神に入団する。センターを守っていた新庄剛志がFAで翌01年からメジャー移籍するのも、赤星にとって幸運だった。

プロ1年目の春季キャンプ。野村監督は赤星に対して口を酸っぱくして、「とにかく三遊間にゴロを転がして走りなさい」、「バントの名手を目指すんだ。内角球は逃げずに、死球で出塁率を上げなさい」、「盗塁で1億円プレーヤーになりなさい」

と指導した。

開幕直後の巨人戦で、左投手の柏田貴史からセーフティーバントでプロ初安打。そのあとの広島戦でプロ初盗塁も決めた。ベンチでは野村監督の近くに座って「ボヤキ」を聞き、野球を意欲的に学んだ。

1年目の01年、すぐにセンターのポジションを獲り、128試合、128安打、打率・292、1本塁打、23打点、39盗塁を記録。いきなり盗塁王を獲得。56年の吉田義男以来、チームとしては45年ぶりの盗塁王となる。さらに新人王にも選出された。

02年はシーズン序盤の自打球による右脛骨《けいこつ》骨折で前半戦を欠場したことが響き、78試合、78安打、打率・252と低迷するが、盗塁は26を記録し、この年も盗塁王を獲得する。

03年、金本知憲は別格としても、進境著しい濱中治や10年選手で実績のある桧山進次郎との外野手レギュラー争いを赤星は制し、2番打者として活躍。打率・312、61盗塁を記録。プロ入り3年目にして打率3割を達成、打撃力も著しく向上した。盗塁数61は、球団記録を更新することとなり、この優勝年も盗塁王となる。

　このあと、04年が64盗塁、05年が60盗塁で盗塁王となり、リーグ初の5年連続盗塁王を達成。また、3年連続60盗塁以上は、福本豊（阪急）以来、2人目の快挙だった（176頁表参照）。

◎野村監督も認めた高い守備力

　野村監督は後年、教え子である赤星の守備力も絶賛していた。「肩自体はそんなに強くないが、俊足を生かしての広い守備範囲、助走をつけてのバックホーム。6度のゴールデングラブ賞獲得も納得だ」と脱帽していた。

　03年は、失策が0であり、「守備率10割」の日本タイ記録を達成している。

　05年と06年の12補殺はリーグ1位、08年の251刺殺もリーグ1位だった。刺殺はフライや送球を捕ったり、走者にタッチしたりして直接アウトにすること。補殺は送球でアウトをアシストすることを意味する。

　赤星自身は、「俊足だから打球を捕れた」と評価されることには抵抗感をもっていたようで、最初に守っていた位置がいいから打球に追いつけているのだと語っている。捕手が何を考えてリードしているのかを読んで、おのずとそれに伴うポジショニングを赤星は取っていた。

そして、自身の外野守備のポリシーとして、「いちばんのファインプレーはダイビングせずに打球を捕ること」とし、ダイビングキャッチは最後の手段であると守備に対する思いを語っている。

しかし、その高い守備力が、赤星の引退を早めてしまったという側面があることも事実だ。引退の遠因となる最初のケガは、03年、ダイエーとの日本シリーズ第1戦で負ったものだ。

4対4の同点で迎えた9回裏、フリオ・ズレータの放った左中間への大飛球に背走しながらダイビングキャッチを試みた赤星は、首を支点に頭から1回転した。試合はサヨナラ負けを喫したのだが、赤星はこのとき左ヒジに全治1ヵ月の大ケガを負い、首にもかすかに違和感をもつようになったという。

06年以降、首の痛みや手のしびれが増していく。そして07年、病院を受診し、頸《けい》椎椎間板《ついついかんばん》ヘルニアと診断されるのである。痛みで5時間以上眠れないような日々が続くなかプレーを続けていたが、07年5月4日の広島戦でまたも大ケガを負う。

梵英心の打球にダイビングキャッチを試みた際、赤星は身体を強くグラウンドに打ちつけ、途中退場。首の状態を悪化させてしまうのだ。診断の結果は頚椎椎間板中心性ヘルニアによる脊髄損傷。「次に同じようなことが起こった場合、車椅子に乗ることになりかねません。最悪、命の危険もあります」と医師から告げられる。

球団はこの時点で、次に大ケガを負った場合、赤星に対して引退勧告することを決めた。

◎打率キャリアハイを達成した翌年、大ケガにより突然の引退

07年の大ケガの際、医師から首まわりの筋肉を鍛えることで、ヘルニアの症状がやわらぎ、ケガの悪化を抑えられるとアドバイスされ、シーズンオフは首の強化に取り組む。

その結果、08年シーズンは、途中出場など首の状態を見ながら起用されたことも

赤星憲広　年度別打撃成績

年度	球団	試合	打席	安打	打点	盗塁	打率
2001	阪神	128	524	128	23	*39	.292
2002		78	343	78	12	*26	.252
2003		*140	635	172	35	*61	.312
2004		*138	633	171	30	*64	.300
2005		145	*689	190	38	*60	.316
2006		142	642	152	20	35	.269
2007		121	475	120	19	24	.300
2008		*144	*646	176	30	41	.317
2009		91	377	89	8	31	.263
通算：9年		1127	4964	1276	215	381	.295

*はリーグ最高

あって、年間通して体調を崩すことなく全試合出場を果たす。この年、打率・317、盗塁41を記録。盗塁王は残念ながら福地寿樹（ヤクルト）が獲得したが、赤星は1つ差のリーグ2位だった。

得点は94を記録し、これはリーグ最多。さらに打率・317はリーグ8位で、キャリアハイを達成した。命の危険さえあるという故障を抱えながら、よくぞここまで記録を伸ばしたものだと驚かされる。

しかし、運命とは非情なものである。翌09年、まだこれからというときに、赤星の選手生活は終わることになる。

09年9月12日の横浜戦（甲子園）。この試合が赤星の現役最後の試合となる。

0対0で迎えた3回表、二死満塁。打者は前年度に・378の右打者最高打率で首位打者に輝いた内川聖一だった。

投手は赤星と同級生の福原忍、捕手が同期入団の狩野恵輔。赤星と気心が知れたバッテリーが、内川にどういう球種で勝負するか考えた。

「勝負球は絶対、外角スライダーだ。内川君は足の状態がよくないから左中間に強く引っ張れないだろう。とはいえ、右打ちがもともと上手い。右中間に守ろう。もう一歩ライト寄りか。いやミートに徹し、おっつけてセンター前に落とすかもしれない」

カウント1ボール2ストライクからの4球目、赤星の読み通り、打球は右中間を襲った。しかし、思いのほか打球がスライスしてライト方向に切れていく。

「絶対、捕る！」

赤星は思わず「禁断」のダイブをしていた。

「届かない……」

結果的にこのダイブの衝撃が、選手生命を失う致命傷となってしまった。頸椎椎間板ヘルニアを悪化させ、さらに脊髄損傷を負ってしまう。

負傷直後は手足が動かず、トレーナーにかつがれてグラウンドから退場。救急車で搬送された。足は次第に動くようになったが、腕は自由に動かすことができないダメージが残った。右腕の痛みがひどく、ケガをしてから最初の1ヵ月間は地獄だったと赤星は語っている。

退院してからも指がくっついて固まってしまわないように、1本1本動かすリハビリから始めた。知人たちは赤星の変わり果てた姿を見て、言葉を失ってしまったそうだ。

ケガからちょうど1ヵ月の10月12日、阪神2軍の本拠地・鳴尾浜球場にリハビリで顔を出した赤星を見て、ファームの選手は同様に沈黙した。「再起不能」を感じ取ったのかもしれない。

赤星は温泉治療などを経て、10月31日、球団事務所を訪れた。まだこの時点では、翌年もプレーすることを目指していたが、待っていたのは球団からの引退勧告だった。

球団にとっては、選手の命にかかわる問題である。そのような大きなリスクを抱えた選手にプレーさせるわけにはいかないと判断するのも当然のことかもしれない。ここまで身を粉にしてチームに貢献してきた選手に対して、球団としても断腸の思いで決断を下したに違いない。

引退勧告を受けた赤星は、1ヵ月間、悩みに悩んだ結果、引退を決断。12月9日、引退会見を行った。会見で印象的だったのは以下の部分だ。

「なぜか、あのダイブのシーンがいまもときどき夢に出ます。選手の本能として打球に飛び込んだことは後悔していません。大ケガに至ったことも後悔していません。でも、迷った挙句、あと一歩ライトに守備位置を寄れなかった。寄っていたら捕れたのに……」

常に100パーセントの力でプレーすると公言し、身をもってそれを示してきた赤星らしい言葉だ。きっと、もう一度同じ状況が訪れたとしても、彼は打球に向かって飛び込むのだろう。

――野球を愛し、「グラウンドで死ねたら本望」とみんなたとえでは言うものの、現実としてそんな場面に直面したら、なかなかそのようにはできないのではないだろうか。しかし、赤星は、グラウンドで選手生命に終止符を打つことさえ厭《いと》わない数少ないプロ野球選手だったと言える。ここまで出場91試合ながら31盗塁と、最終シーズンもタイトル争いに絡んでいた。それだけに、本当に悔しい引退だったに違いない。直接取材したことはなかったが、本人の心境を思うと、私（筆者）は涙があふれて止まらなかった。――そんな記事を私は赤星の引退に際して書いた。

◎まだまだ伸ばしたであろう歴代9位の通算盗塁数

赤星が積み上げてきた盗塁には、「数」以上の重みがあることにも触れておきたい。まず、盗塁王のタイトルだが、赤星は5年連続で獲得した。これは、福本の13年連続に次ぐ、セ・パ両リーグを通じて2番目の長さだ。ほかに5年連続盗塁王を獲得したのは、広瀬叔功（南海）だけである。

盗塁通算記録上位10選手(2024年シーズン終了時点)

順位	選手	盗塁	実働期間	試合
①	福本豊（阪急）	1065	(1969-1988)	2401
②	広瀬叔功（南海）	596	(1956-1977)	2190
③	柴田勲（巨人）	579	(1962-1981)	2208
④	木塚忠助（南海ほか）	479	(1948-1959)	1288
⑤	高橋慶彦（広島ほか）	477	(1976-1992)	1722
⑥	金山次郎（松竹ほか）	456	(1943-1957)	1366
⑦	大石大二郎（近鉄）	415	(1981-1997)	1892
⑧	飯田徳治（南海ほか）	390	(1947-1963)	1965
⑨	呉昌征（巨人ほか）	381	(1937-1957)	1700
❾	赤星憲広（阪神）	381	(2001-2009)	1127

シーズン60個以上の盗塁については、赤星が03年～05年に3回達成しているが、赤星が達成して以来、本多雄一（ソフトバンク）が11年に1度達成しただけである。

また、赤星が活躍した時期は、セ・リーグでは、古田敦也（ヤクルト）、中村武志（中日→横浜）、谷繁元信（横浜→中日）、西山秀二（広島）と、強肩捕手がそろっていた。投手の牽制技術やクイックモーションの技術も90年代と比較すると向上していた。そのような時期に、あれだけ短期間に盗塁を量産している点に大きな価値があると言えるだろう。

しかも、赤星は次打者の打撃に影響を及ばさないように、2球目までに盗塁を企てていた。また、それができるだけの卓越した技術をもっていた。

最終的に、赤星は通算381盗塁を記録した。181頁表のように、これは24年シーズン終了の時点で、プロ野球における歴代9位だ。

バッティングについては、プロ入り当初、打球が内野手の頭を越えないくらい非力で、プロでやっていくには力不足と評価されたこともあったが、地道な努力によって、年々、着実に技術を向上させていった。

現役9年間で、試合数よりヒット数が少なかったのは07年（121試合120安打）と09年（91試合89安打）だけだ。通算でも1127試合1276安打、打率・295である。9シーズンで、5度も3割をマークすることとなった。

赤星の最終年の成績は、91試合、打率・263、盗塁31だった。9月のケガ以降、欠場となったが、盗塁数はリーグ3位だった。

せめてあと1年、野球の神様に願いが届くなら、通算10年間プレーさせてあげたかったと筆者は思う。身体が万全なら、選手として脂が乗っていた34歳のシーズンということを考えても、「1400試合1700安打、打率・300、1本塁打、30打点、40盗塁」の数字は堅い選手だ。

度重なる大ケガさえなかったら、あと1年と言わず、3年プレーしていたっておかしくはない。そうすれば、通算で500盗塁も見えてきたかもしれない。それだけに、33歳での突然の引退が残念でならない選手であった。

時は流れた。ズバリと核心を突く評論で、赤星は人気解説者になっていた。そして、あの引退会見から12年を経た21年、赤星は自らの現役時代の全力プレーの証しである書籍『中堅手（センター）論』を出版する運びとなった。その制作サイドに筆者も含まれていた。

「その節はありがとうございました」（赤星）

「え？　直接お話するのは初めてだと思いますが……」（筆者）

「僕の引退のときの記事を読みました。僕のために涙を流してくださったんですね。ありがとうございます。やっとお会いできましたね！」（赤星）

自分の傷ついた身体のことを顧みず、いつも全力プレーをする赤星のユニフォーム姿を思い出した筆者は、また思わず泣きそうになった。

（赤星憲広プロフィール）
1976年生まれ、愛知県出身。170センチ、66キロ。右投げ左打ち。大府高→亜細亜大→JR東日本→阪神（01年～09年）。通算9年、1127試合、1276安打、打率・295、3本塁打、215打点、381盗塁。盗塁王5回、新人王、ベストナイン2回、ゴールデングラブ賞6回、球宴出場3回。
★現役最終年度（09年）の成績＝91試合、89安打、打率・263、0本塁打、8打点、31盗塁。

最終年も全試合出場、維持されていた技術力、身体能力

……衣笠祥雄

◎山本浩二との切磋琢磨でリーグを代表する打者に成長

第1章で山本浩二を取り上げたからには、その盟友である衣笠祥雄（広島）にも触れなければなるまい。

衣笠は1965年、京都・平安高校からプロ入りした。4年後には法政大学を卒業し、ドラフト1位で山本が入団してきた。同学年である2人は、その後、終生のライバルとなる。

山本が打率、本塁打を残せる選手だったから、衣笠は負けじと本塁打、そして「連続試合出場」にこだわった。現役最終年となった40歳の87年に、ルー・ゲーリ

ッグ（ヤンキース）の2130試合連続出場を大きく更新する2215試合連続出場の世界記録（当時）を樹立し、王貞治に次ぐプロ野球界2人目の「国民栄誉賞」を受賞した。

「鉄人」の異名をとり、ひたむきに野球に向き合う姿勢は人格者としても知られていた。しかし、プロ入りしたばかりの若いころは、まだまだ遊び盛り。野球にも身が入らない状態だった。

当時の広岡達朗守備コーチ、関根潤三打撃コーチに課せられた練習をサボっては飲み歩いていた。衣笠が深夜3時ごろになってやっと帰宅すると、関根コーチが待っていて、怒りもせずバットを差し出す。そこから朝まで約3時間、泣きながらバットを振ったこともあったという。

ただ、そのような遊び癖も、飲み友達だった米軍兵に、「明日からベトナム戦争に行く」という一言を聞いて治まる。平和な国で暮らし、好きなことができる自分の境遇がいかに幸せなことかあらためて気づいたのだという。これをきっかけに、衣笠は野球に打ち込む。

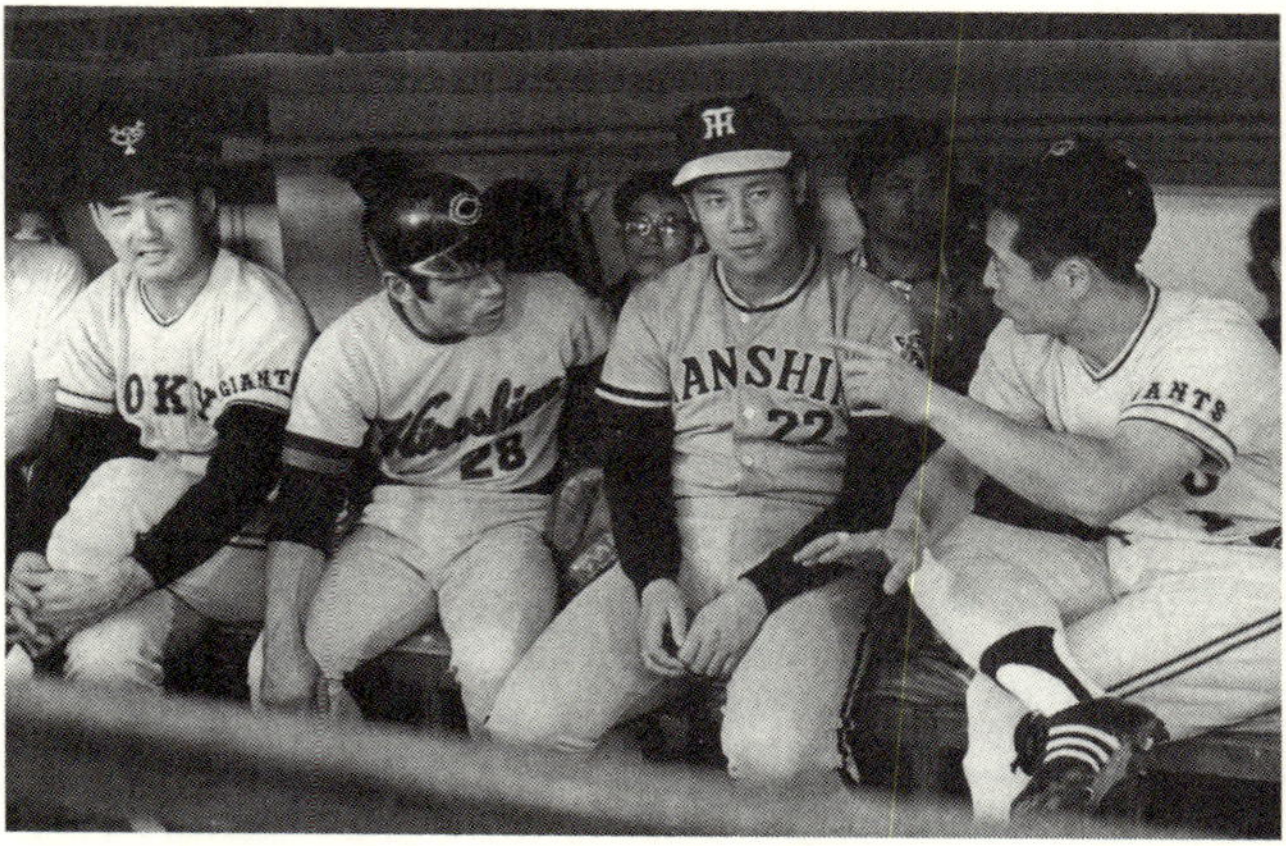

1974年オールスター。左から長嶋、衣笠、田淵、王

プロ7年目の71年、打率・285ながら長嶋茂雄（打率・320）に次ぐ打撃ベストテン2位を記録。本塁打も27本でリーグ6位タイ、打点は82でリーグ3位の活躍を見せる。

翌72年は打率・295でリーグ4位、本塁打が29本でリーグ3位、打点は99で王に次ぐ2位となり、立派な中軸打者に成長を遂げたのだった。

◎死球を受けた際に垣間見えた人間性

衣笠について連続試合出場と同じくらい特筆すべき点に、死球の多さが挙げられる。踏み込んでフルスイングするため、

衣笠祥雄 年度別打撃成績

年度	球団	試合	打席	安打	本塁打	打点	打率
1965		28	46	7	1	2	.159
1966		32	40	5	0	2	.147
1967		28	52	12	2	5	.250
1968		127	463	109	21	58	.276
1969		126	485	107	15	46	.250
1970		126	459	102	19	57	.251
1971		*130	543	131	27	82	.285
1972		*130	565	*147	29	99	.295
1973		*130	529	94	19	53	.207
1974		*130	529	119	32	86	.253
1975		*130	532	132	21	71	.276
1976	広島	*130	569	156	26	69	.299
1977		*130	*582	136	25	67	.265
1978		*130	547	123	30	87	.267
1979		*130	478	114	20	57	.278
1980		*130	549	144	31	85	.294
1981		*130	553	134	30	72	.271
1982		*130	551	135	29	74	.280
1983		*130	557	145	27	84	.292
1984		*130	542	161	31	*102	.329
1985		*130	540	140	28	83	.292
1986		*130	520	98	24	59	.205
1987		*130	403	92	17	48	.249
通算：23年		2677	10634	2543	504	1448	.270

*はリーグ最高

どうしても死球が多くなった。通算161死球はセ・リーグ記録である。

しかし、いくら死球をもらっても、投手に怒りをぶつけることはなかった。さっと立ち上がってユニフォームの土をパッパッと払い、近づいて謝る投手を手で制し、何事もなかったかのように一塁に向かうのだ。その姿をかっこいいと思ったのは、筆者だけではないだろう。

衣笠は死球を投じた相手を恨むよりも、むしろ、ぶつけてしまって申し訳なく感じている投手のほうを気遣う器の大きさがあった。

79年8月1日の巨人戦、西本聖からの死球で衣笠は左肩甲骨を骨折したことがあった。連続試合出場の記録がかかっていたため、翌日の試合は代打出場。江川卓の速球に空振り三振を喫する。それも、痛む身体で3球ともフルスイングをしたのだった。その試合後、衣笠はコメントを残している。

「1球目はファンのために、2球目は自分のために、3球目は（与死球を気にしているだろう）西本君のためにスイングしました」

これが衣笠祥雄という人間を表していると言えよう。

◎17年連続、引退するその日まで連続試合出場していた鉄人

衣笠と山本浩二は広島における「両雄」だったが、どうしても山本のほうが目立つ存在だった。しかし84年の広島リーグ優勝時は山本を凌《しの》ぐ活躍を見せる。

全130試合に出場し、161安打、打率・329と、プロ20年目にして初の打率3割超え。しかも31本塁打、102打点、11盗塁を記録。打点がリーグ1位、打率が3位、本塁打が6位の成績で、MVPを受賞。37歳にして、これまでのシーズンキャリアハイを更新するという大活躍を見せる。

翌85年も打率・292で好成績を維持する。しかし、39歳を迎えた86年は、全130試合出場ながら打率・205と低迷してしまう。チームは巨人との5・5ゲーム差をシーズン終盤に逆転して優勝したが、衣笠は打順7番を打つなど、文字通りの〝不振〟に苦しみ、チーム苦戦のひとつの原因ともなった。口さがない野球ファンは「連続出場記録のために試合に出ている」と批判した。

衣笠は86年を終了した時点で2085試合連続出場。ゲーリッグがもつ2130

1984年のセ・リーグ打点、打率、本塁打上位十傑

打点		
1	衣笠祥雄（広島）	102打点
2	谷沢健一（中日）	99打点
3	掛布雅之（阪神）	95打点
4	山本浩二（広島）	94打点
5	W・クロマティ（巨人）	93打点
5	K・モッカ（中日）	93打点
7	宇野勝（中日）	87打点
7	大島康徳（中日）	87打点
9	レオン・L（大洋）	84打点
10	中畑清（巨人）	83打点

打率		
1	篠塚利夫（巨人）	.334
2	谷沢健一（中日）	.3287
3	衣笠祥雄（広島）	.3285
4	R・バース（阪神）	.326
5	若松勉（ヤクルト）	.325
6	レオン・L（大洋）	.321
7	山崎隆造（広島）	.319
8	K・モッカ（中日）	.316
9	弘田澄男（阪神）	.313
10	田尾安志（中日）	.310

本塁打		
1	掛布雅之（阪神）	37本
1	宇野勝（中日）	37本
3	W・クロマティ（巨人）	35本
4	谷沢健一（中日）	34本
5	山本浩二（広島）	33本
6	衣笠祥雄（広島）	31本
6	K・モッカ（中日）	31本
6	中畑清（巨人）	31本
9	大島康徳（中日）	30本
10	R・バース（阪神）	27本
10	原辰徳（巨人）	27本
10	真弓明信（阪神）	27本

試合連続出場まで残り45試合だった。

そして、翌87年、現役最終年を迎える。この年も全130試合に出場したことで、2215試合連続出場（当時の世界記録）を達成。

70年10月19日にスタートを切り、以降17年連続全試合出場のまま衣笠は23年間の現役生活を終えたのだった。

現役最終年87年は92安打、打率・249、17本塁打、48打点、2盗塁であった。成績だけを見れば下降線をたどっていることもあり、引退を予感させる数字であることは確かだ。しかし、記録更新のためとはいえ、現役最終年においても全130試合出場はすばらしい数字だ。これは、辞める直前まで体力、精神力、技術力が第一線で戦えるだけ維持されていた証しでもある。

その点から言えば、もう少し衣笠の常にフルスイングをする打席を見たかったという気もしてくる。休養日をつくりながら、代打での出場なども視野に入れれば、当然、現役でもできただろう。

しかし、「衣笠は代打じゃない。1回から9回まで出るのが衣笠。それができなくなったら終わりなんです」と本人も言っていただけに、もはや現役続行の選択肢はなかったのだろう。

衣笠の背番号3は、山本浩二の8に続き、広島の永久欠番となった。

〈衣笠祥雄プロフィール〉

1947年～2018年、京都府出身。175センチ、73キロ。右投げ右打ち。平安高→広島（65年～87年）。通算23年、2677試合、2543安打、打率・270、504本塁打、1448打点、266盗塁。2215試合連続出場は日本記録。打点王1回、盗塁王1回、MVP1回、ベストナイン3回、ゴールデングラブ賞3回、球宴出場13回。

★現役最終年度（87年）成績＝130試合、92安打、打率・249、17本塁打、48打点。

「松坂世代」最初の名球会入り目前で無念の引退

……村田修一

◎長打力に磨きをかけ、2年連続、本塁打王を獲得する

2000本安打まであと少しのところまできていながら、球団から戦力外通告を受け、未練を残しながらもグラウンドを去っていったのが横浜、巨人でプレーした村田修一だ。

村田は1980年生まれの、いわゆる「松坂世代」である。日米通算170勝の松坂大輔を筆頭に、和田毅、藤川球児ら大物選手が名を連ねる世代である。しかし、意外なことに、この松坂世代で名球会の基準（基本的に打者で日米通算2000安打、投手で日米通算200勝か250セーブ）をクリアした選手は誰もいない。

実は、村田がこの世代では、打者でもっとも名球会入りに近づいた選手だった。残り135安打で2000本安打達成のところまできていた。現役最終年も故障もなく、達成確実と目されていただけに、その突然の現役引退が惜しまれた。

村田は高3春のセンバツ甲子園でエースとして横浜高校の松坂と投げ合い、敗れた。

投手としては松坂に勝てない。打者として一流になろうと考えた村田は、日本大学に進学後、打者に転向。大学4年間で通算104試合、374打数103安打、打率・275、20本塁打（歴代2位タイ。1位は青学大・井口忠仁24本）、70打点を記録。ベストナインに4度選出された。

そして02年、ドラフト自由枠（実質的なドラフト1位）で横浜に指名される。

プロ1年目となった03年、同じドラフト1位新人の高井雄平（ヤクルト。当時・投手）の150キロ級ストレートを、村田はライナー性の打球でライトスタンドに突き刺した。筆者はこれを見て、近い将来の本塁打王の片鱗《へんりん》を感じた。反対方向に長打を飛ばせる打者は大砲として大成する。実際に03年は、いきなり25本塁打を放った。

その後村田は、順調に長距離砲へと成長していく。07年に36本塁打、08年には46本塁打を放ち、本塁打王のタイトルを2年連続で獲得した。07年は高橋由伸（巨人）、アーロン・ガイエル（ヤクルト）、タイロン・ウッズ（中日）を、08年はアレックス・ラミレス（巨人）を、いずれも1本差でかわしてのタイトル獲得だった。

セ・パ分立50年以降のプロ野球75年間で、「40本以上の日本人本塁打王」は、セ・パ両リーグ11人ずつしかいない。その球史に残る大砲へと成長したと言っていいだろう。打点のほうも、06年から3年連続100打点以上を叩き出している。

◎巨人移籍後は個人成績よりもフォア・ザ・チームに徹する

11年のシーズンも20本塁打を記録し、自身通算250本塁打、7年連続の20本塁打を達成する。しかし、そのシーズン後、三塁手の補強を目指していた巨人への移籍が決まる。移籍の理由として村田は、「優勝争いをしたかった」と会見で述べている。

村田が横浜に在籍した03年から11年の9年間は、横浜のまさに低迷期だった。最下位が7度、4位が1度、3位1度という「暗黒時代」だ。だからこそ、巨人への移籍を決断したのだろう。

長年低迷している横浜では、その環境からか、村田は個人成績をどうしても追求するような傾向があった。

しかし、常に優勝を求められる巨人に移籍してからは、フォア・ザ・チームの傾向が見られるようになる。横浜時代のような30本塁打以上のシーズンは1度もなかったが、打者としてしぶとさを増した。

その証拠に横浜時代9年間の通算打率は・266だが、巨人時代6年間の通算打率は・274へと上昇している。

3ケタが普通だった三振数も、すべて85個以下に減り、16年に記録した32二塁打はリーグトップだった。

優勝争いをしたいという希望も、巨人へ移籍して十分かなった。巨人在籍6年間で、「勝利の美酒」に3度も酔えたのだ。またベストナイン、ゴールデングラブ賞を各3度受賞しており、これは優勝への貢献を認められたものでもある。

◎「引退試合クラッシャー」というありがたくない異名

村田といえば、このエピソードに触れないわけにはいかない。彼にはありがたくない異名がある。それは「引退試合クラッシャー」。

引退試合とは、プロ野球選手にとって特別なものだ。投手の最終登板に対して、打者は三振をする。打者の最終打席に対する投手は、本塁打を打ってくださいとばかりストレートを投げる。これが「礼儀」であり、「暗黙の了解」である。そこには、「長い間、お疲れ様でした。第二の人生も頑張ってください」という思いも込められているのだ。しかし、そんな暗黙の了解をぶち壊したことが村田には何度かある。

たとえば、07年10月6日、広島の佐々岡真司の引退試合である。広島10対0のリードで迎えた9回二死、最後のひとりとなるはずの村田は、佐々岡から36号ソロ本塁打を放ってしまう。「最後はストレートを投げる」という佐々岡のコメントを新聞で読んで、ストレートに狙いを絞っていたというのだ。ただこの時期、本塁打王のタイトルをめぐって、先述のように村田を含め4選手が熾烈な争いを演じていたときだけに、本気のバッティングも理解できる。

さらに、10年9月30日、矢野耀大（阪神）の引退試合でも村田はやってしまう。阪神が優勝争いをするこの試合、9回二死、阪神リードの展開となれば、城島健司に代わり、引退する矢野が現役最後のマスクをかぶる予定になっていた。試合は阪神が3対1とリード。このままいけば、矢野の登場となるところだ。お膳立てがそろいつつあるなか、矢野を尊敬する守護神・藤川球児がマウンドに上がる。

しかし9回、花道を盛り上げようとした藤川は力が入ったのか、連続四球で無死一、二塁とする。ここで打席に入った村田は、カウント1ボール2ストライクから高めボール球の149キロストレートを振り、レフトに逆転3ランを運ぶ。これで、矢野の出番はなくなった。

「三振するだろうと思って振ったけど、リラックスしすぎて、理想の打撃フォームになった。走りながら入るな、ヤバいと思った」と村田も語っている。

村田がダイヤモンドを回る間、真弓明信監督は呆然とし、藤川は顔面蒼白《そうはく》、捕手・城島は苦虫を噛み潰したような顔をした。球場には重苦しい空気が充満した。試合後の引退セレモニーでは、当時横浜の選手会長だった村田が矢野に花束を贈呈する皮肉。矢野は「正直言って、最後グラウンドに立って、みなさまにお別れができればと思った」と、残念がったのだった。

◎翌年プレーしていたら、名球会入り確実だった

さて、村田自身の引退も、予想外の展開で訪れることになる。17年シーズン終了時に村田は2度目のFA権を取得した。しかし村田は巨人から、まさかの戦力外通告を受けたのである。「チームの若返りを図るために、苦渋の決断をした。自由契約のほうが、他球団は獲得しやすい」と、当時の巨人GM・鹿取義隆は語った。

村田としては現役続行の意向をもっており、他球団でプレーすることを視野に、独立リーグでプレーもしたが、結局、他のNPB球団からオファーはなく、18年9月、現役引退を決断した。

村田修一　年度別打撃成績

年度	球団	試合	打席	安打	本塁打	打点	打率
2003	横浜	104	373	74	25	56	.224
2004		116	369	79	15	38	.242
2005		136	539	120	24	82	.252
2006		145	611	145	34	114	.266
2007		＊144	615	151	＊36	101	.287
2008		132	554	158	＊46	114	.323
2009		93	369	94	25	69	.274
2010		＊144	617	145	26	88	.257
2011		＊144	592	134	20	70	.253
2012	巨人	＊144	575	130	12	58	.252
2013		＊144	595	164	25	87	.316
2014		143	575	133	21	68	.256
2015		103	370	78	12	39	.236
2016		＊143	576	160	25	81	.302
2017		118	424	100	14	58	.262
通算：15年		1953	7754	1865	360	1123	.269

＊はリーグ最高

村田の現役最終年、17年は118試合100安打、打率・262、14本塁打、58打点だった。序盤は楽天から移籍してきたケーシー・マギーが三塁も守ったため、村田はスタメンから外れることもあったが、夏ごろから三塁のスタメンに復帰し、100安打を放っているところは立派である。

通算成績は、打率・269、本塁打360本、1865安打だった。特に安打数は、あと135安打で2000本安打だ。1年143試合で達成するには、モチベーションも高まるほどよい数字である。それだけに、あと1年だけでもどこかのチームでプレーできなかったものかと残念でならない。

2000本安打を達成していれば、成績クリアにおける「松坂世代」唯一の名球会プレーヤーが誕生していた（藤川球児は日米通算61勝、164ホールド、245セーブで特例入会）。

（村田修一プロフィール）

1980年生まれ、福岡県出身。177センチ、92キロ。右投げ右打ち。東福岡高→日本大→横浜（03年～11年）→巨人（12年～17年）。通算15年、1953試合、1865安打、打率・269、360本塁打、1123打点。本塁打王2回、ベストナイン4回、ゴールデングラブ賞3回、球宴出場5回。
★現役最終年度（17年）の成績＝118試合、100安打、打率・262、14本塁打、58打点。

参考資料

江夏豊『強打者』（ワニブックス）
野村克也『私の教え子ベストナイン』（光文社）
斎藤雅樹・村田真一『ジャイアンツ伝統のエースたち』（日本文芸社）
広岡達朗『最後の名将論』（ＳＢ新書）
掛布雅之『阪神・四番の条件』（幻冬舎）
飯尾哲司『野村監督の教え』（光文社）
江夏豊『名投手』（ワニブックス）
大杉勝男『サムライたちのプロ野球』（徳間書店）
近藤隆夫『情熱のサイドスロー 小林繁物語』（竹書房）
産経新聞　虎番疾風録「小林繁伝」
赤星憲広『決断』（集英社）
赤星憲広『中堅手（センター）論』（ワニブックス）
谷繁元信『谷繁ノート』（光文社）

本文写真　135頁写真：スポーツニッポン新聞社／毎日新聞社提供
それ以外の写真：毎日新聞社提供
校正　久高将武
編集　雲沢丹山

詩想社
新書

詩想社新書発刊に際して

詩想社は平成二十六年二月、「共感」を経営理念に据え創業しました。なぜ人は生きるのかを考えるとき、その答えは千差万別ですが、私たちはその問いに対し、「たった一人の人間が、別の誰かと共感するためである」と考えています。

人は一人であるからこそ、実は一人ではない。そこに深い共感が生まれる——これは、作家・国木田独歩の作品に通底する主題であり、作者の信条でもあります。

私たちも、そのような根源的な部分から発せられる深い共感を求めて出版活動をしてまいります。独歩の短編作品題名から、小社社名を詩想社としたのもそのような思いからです。

くしくもこの時代に生まれ、ともに生きる人々の共感を形づくっていくことを目指して、詩想社新書をここに創刊します。

平成二十六年

詩想社

飯尾哲司（いいお　てつじ）

静岡県生まれ。『週刊ベースボール』出身。プロ野球現場取材歴は35年。野村克也氏の著書10冊、広岡達朗氏をはじめ、斎藤雅樹氏、工藤公康氏、江夏豊氏、高津臣吾氏、岩瀬仁紀氏、梨田昌孝氏、伊東勤氏、矢野燿大氏、谷繁元信氏、掛布雅之氏、井端弘和氏、赤星憲広氏、井野修氏（元NPB審判長）、小倉清一郎氏（元横浜高野球部長）らの書籍の取材・構成を担当。早稲田大学大学院修士課程修了。学術論文に『エリートアスリートはなぜセカンドキャリアで教員を選択したのか：元プロ野球選手とJリーガーの事例をもとに』がある。大学教員も務める。公認野球指導者基礎U15、部活動指導員資格を保有。

詩想社
— 新書 —

40

プロ野球、
あの名選手の「最後の1年」がすごい！

2025年3月27日　第1刷発行

著　　者　飯尾哲司
発 行 人　金田一一美
発 行 所　株式会社 詩想社
〒151-0073　東京都渋谷区笹塚1—57—5 松吉ビル302
TEL.03-3299-7820　FAX.03-3299-7825
E-mail info@shisosha.com

D T P　株式会社キャップス
印刷・製本　中央精版印刷株式会社

ISBN978-4-908170-35-5

詩想社のベストセラー

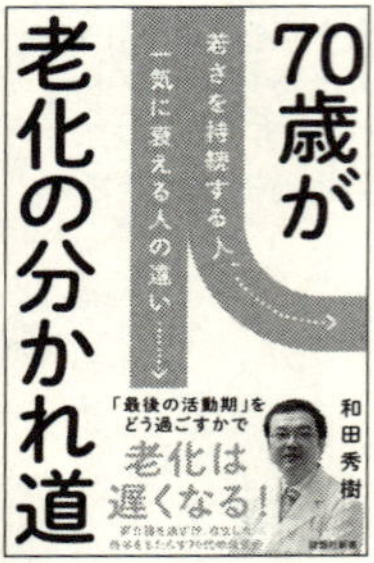

70歳が
老化の分かれ道

若さを持続する人、一気に衰える人の違い

和田秀樹 著

新書判　192ページ　ISBN978-4-908170-31-7
定価：1100円（税込10%）

70歳は人生の分かれ道!　団塊の世代に代表される現在の70代は、かつての70代より格段に元気で若々しくなった。「最後の活動期」となった70代の10年間をいかに過ごすかで、その人の老いは決まる。要介護を遠ざけ、いつまでも元気にいるための70代の過ごし方を説く。

いつも「話が浅い」人、
なぜか「話が深い」人

あの人の「浅さ」はどこからくるのか

齋藤孝 著

新書判　192ページ／ISBN978-4-908170-33-1
定価：1100円(税込10%)

話の深さは「人間の深さ」だ!　話しぶりは流ちょうでも、常に浅い話をする人がいます。当たり前のことばかり述べる、本質がわかっていない、終始漠然としている、視野が狭い、人生観がない…そんな浅い話の問題点を解き明かし、浅い人から深みのある人に変わる44の方法を説く。